读懂孩子 才能 成就孩子

孟小崴 ———————— 著

清华大学出版社
北京

内容简介

孩子的言行背后隐藏着秘密，父母只有读懂孩子才能更好地爱孩子、引导孩子。本书为父母做了一份孩子的"成长说明书"，从孩子的语言、小动作、兴趣、需求、情绪、叛逆行为、人际交往，以及孩子与父母相处等方面入手，剖析了孩子经常出现的问题，找到隐藏在背后的心理动机，并提供有效的解决方法。此外，书中还有大量的心理学案例，实用、专业且通俗易懂。希望每一位努力摸索养育孩子方法的父母能静下心来阅读本书，或许它能解决你遇到的问题！

图书在版编目（CIP）数据

读懂孩子，才能成就孩子 / 孟小崴著. — 北京：清华大学出版社，2024.1
ISBN 978-7-302-64999-1

Ⅰ.①读…　Ⅱ.①孟…　Ⅲ.①儿童教育－家庭教育　Ⅳ.①G782

中国国家版本馆CIP数据核字（2023）第235456号

责任编辑：张尚国
封面设计：秦　丽
版式设计：文森时代
责任校对：马军令
责任印制：曹婉颖

出版发行：清华大学出版社
　　　　　　网　　　址：https://www.tup.com.cn，https://www.wqxuetang.com
　　　　　　地　　　址：北京清华大学学研大厦A座　　邮　　编：100084
　　　　　　社 总 机：010-83470000　　　　　　　邮　　购：010-62786544
　　　　　　投稿与读者服务：010-62776969，c-service@tup.tsinghua.edu.cn
　　　　　　质 量 反 馈：010-62772015，zhiliang@tup.tsinghua.edu.cn
印 装 者：三河市东方印刷有限公司
经　　销：全国新华书店
开　　本：148mm×210mm　　**印　　张：**8.875　　**字　　数：**141千字
版　　次：2024年1月第1版　　　　　　　　　　**印　　次：**2024年1月第1次印刷
定　　价：59.80元

产品编号：091370-01

前　言

Preface

父母与子女之间最遥远的距离，可能不是生死相隔，而是你不懂我。

一位朋友跟我分享过这样一个细节：某天，儿子午睡了，喧闹的客厅变得冷清、安静。看着孩子熟睡的小脸，她很想知道是什么让前一分钟还是"小恶魔"的孩子后一分钟就变成了乖孩子；也很想知道，前一分钟犹如小超人一样停不下来的小孩，后一分钟为何却能安静地坐在座位上入神地思考……

带着这些问题，她不断观察着儿子，看得越多越发现自己竟然真的不了解儿子。她问自己，自己曾经给孩子的爱是不是孩子真正需要的？认真思考后，她终于找到了答案，即"爱孩子，从懂孩子开始"。

因为，只有懂孩子，才能因材施教，给孩子最好的教育与辅导。用成人的认知来看待孩子、评判孩子，并不能真正地了解孩子，又如何能与其畅通地交流呢？

想想自己的生命旅程中，我们似乎一直都在经历考试——小学考试、初中考试、高中考试。好不容易上了大学，还要考一系列与职业相关的证书。无论在人生的哪个阶段，学习、考证似乎都是我们必备的技能和必须要做的事情，因为只有学习并考了证才能证明自己达到了一定的水平。

但令人费解的是，我们结婚生子、为人父母，却并不需要学习和考证。没有人要求我们先学习，再考试，考试通过了才能为人父母；也没有规定说，为人父母后每年要到固定的地方做检查，看看我们每个阶段是否合格。这样看起来，结婚生子、为人父母似乎成了人生中最简单的事情。然而，当孩子出生后，当我们跟孩子相处时，我们才发现，现实并不如我们想象的那么简单。

真正做了父母，我们才发现自己踏入了一个未知的世界，完全没有方向，即使之前读过很多育儿类的文章，看过众多与家庭教育有关的书籍，但当我们面对孩子时，我们还是像个"小白"一样，不知该从何做起。

我们渴望孩子在出生时就自带"产品说明书"，以便知道：什么时候让孩子吃饭？什么时候添加辅食？孩子哭

读懂孩子，才能成就孩子

了，到底是因为饿了，还是不舒服？进入学校后，孩子不喜欢跟同学玩怎么办？孩子不喜欢分享怎么办？被霸凌怎么办？迷恋上手机怎么办？顶嘴叛逆怎么办？……但事实是，孩子出生时并没有这样的"专属说明书"。

面对孩子身上出现的种种问题，我们只能慢慢摸索，长辈可能会给我们一些经验，但他们的经验只适合他们当初育儿的时期，无法满足我们这个时代的育儿需要，因为新时代出生和成长的孩子所处的环境已经跟我们的生长环境大不相同了，长辈的方法只能选择性地借鉴，而不能直接套用。

仅靠一次训话并不能完全解决孩子的问题，解决孩子问题的秘诀都渗透在平时与孩子的相处中，在于家长对孩子的理解和支持。只有懂孩子，明白孩子，才能知道孩子的价值体系是怎样的，才能知道在他心里事情是如何排序的，继而对他进行正确引导。因此，在与孩子磨合的过程中，为了更加了解孩子，就要通过孩子的言行举止，了解他背后的秘密，亲自为孩子做一份"说明书"。

大量事实告诉我们，懂比爱更重要。懂孩子是和孩子建立信任的前提，孩子每个行为的背后都隐藏着秘密，每句话的后面都有他的未尽之言。那么，父母如何才能真正地懂孩子呢？这就需要进行系统性的学习了。

本书的撰写目的就是给家长以引导，帮助家长揭秘孩子言行举止的背后原因，然后付之于教育和关爱。本书从孩子的语言入手，介绍了在育儿路上家长应该注意的几个方面，如孩子的小动作、孩子的兴趣、孩子的需求点、孩子的情绪、孩子的叛逆行为、孩子的人际交往、孩子与父母相处等，希望本书能对所有家长有所帮助。

孟小葳

2023 年 12 月

目 录

Contents

第一章　作为父母，你真的懂孩子吗（1～14岁）　　**001**

一、究竟有多少父母了解自己的孩子　　002

二、了解孩子，才能解读孩子的成长密码　　004

三、读懂孩子，教养才能事半功倍　　013

第二章　从孩子的语言入手，了解他们的内心

世界（3～6岁）　　**021**

一、认真倾听，让孩子将想法直接说出来　　022

二、我是谁，我从哪里来——积极面对好奇心重的

孩子　　029

三、这是我的——孩子有了物权意识，请尊重　　035

四、我不喜欢跟同学玩——引导孩子走出孤独的

不良境遇　　039

五、我到底应该怎么做——智慧的父母能给茫然

无措的孩子以正向引导　　044

第三章　关注孩子的小动作，找到隐藏在背后的

大因果（3～12岁）　049

一、孩子总是咬指甲——手部小动作暴露孩子的

内心　050

二、当孩子与你四目相对时——孩子多半在认真听　056

三、当孩子发脾气时——其实是在表达他的不满　061

四、当孩子一句话也不说时——可能是在用沉默表示

抗拒和排斥　065

五、当孩子说"你真烦"时——他的忍耐力多半

已达极限　069

第四章　了解孩子的兴趣点，发现孩子的爱好和

特长（3～14岁）　075

一、理解孩子的兴趣，才能更好地激发孩子的

创造力　076

二、孩子说，我喜欢唱歌——聊天，是了解孩子

兴趣喜好的最佳途径　083

三、孩子喜欢蹦蹦跳跳——观察孩子的生活，

发现孩子的优点　086

四、孩子不想去兴趣班了——爱，是让孩子

驻足的一大理由　091

五、孩子取得了成绩——跟他一起收获喜悦和快乐　095

读懂孩子，才能成就孩子

六、孩子不想学了——找到孩子放弃的原因　　099

第五章　找到孩子的需求点，给他最大的心理
　　　　满足（3～14岁）　　**105**

一、了解孩子的需求，方可更好地协助孩子成长　　106

二、孩子无缘无故地捣乱——将注意力转向孩子，
　　给他更多的关注　　113

三、孩子晚上想跟妈妈睡——陪伴孩子，给他需
　　要的安全感　　118

四、孩子拿着画好的小鸟让你看——多些表扬，
　　因为孩子希望被肯定　　122

五、孩子磨磨蹭蹭——暂时停下，让孩子先去做
　　自己想做的事情　　126

第六章　留意孩子的情绪，读懂他们的所思所想
　　　　（4～15岁）　　**133**

一、给孩子体验情绪的机会，倾听孩子的情绪　　134

二、孩子总是哭泣——从具体原因入手，找到
　　解决的办法　　137

三、孩子愁眉苦脸——主动沟通，帮孩子走出忧郁　　143

四、孩子对某事耿耿于怀——告知狭隘的危害，
　　让孩子开阔心胸　　148

五、孩子对某人怀有敌意——让孩子少些忌妒，
用正常手段超过对方　　　　　　　　　　154

六、孩子感到惊恐——将孩子的注意力从害怕的
事物上移开　　　　　　　　　　　　　　158

**第七章　正视孩子的叛逆，让他们感受到最大的
包容和理解（3～15岁）　　　　　　163**

一、孩子叛逆或不听话，背后藏着小秘密　　　　164

二、孩子脏话连篇，可能是"模仿"在作怪　　　　167

三、孩子爱撒谎——应及早遏制，不要让他
逃避责任　　　　　　　　　　　　　　　173

四、孩子变成小霸王——不迁就，给孩子更
多的陪伴　　　　　　　　　　　　　　　177

五、孩子给他人起外号——爱开玩笑不是错，
但要把握好分寸　　　　　　　　　　　　181

六、孩子跟大人"顶嘴"——你的溺爱会让孩子
不知悔改　　　　　　　　　　　　　　　185

**第八章　观察孩子的交往行为，读懂孩子究竟想要
做什么（3～15岁）　　　　　　　　191**

一、观察孩子与人交往的经历，就能知道他在
想什么　　　　　　　　　　　　　　　　192

二、孩子是个"话痨"——尊重孩子的表现欲　　196

三、孩子不愿意跟同学合作——培养孩子的
团队意识 200

四、孩子恐惧社交——鼓励孩子跟他人相处，
不自卑 207

五、培养孩子的竞争意识，鼓励孩子不懦弱 213

六、孩子总跟人打架——自我意识增强的孩子
喜欢攻击别人 218

**第九章　留意孩子与父母的相处点滴，提升对他们的
认知（1～15岁）　223**

一、孩子喜欢和父母撒娇——认真感受孩子
独特的爱 224

二、孩子喜欢拥抱父母——因为他们很爱你 229

三、孩子不尊重父母——可能是你的教育
出了问题 233

四、孩子心中无父母——不懂感恩的孩子，
不惧怕父母的权威 238

五、孩子对父母的话充耳不闻——很可能是
孩子的一种选择性注意 243

第十章　采用心理学工具，造就和谐的亲子关系　247

一、平等：跟孩子平等相处，孩子才愿意将
心思说出来 248

二、理解：理解孩子，才能更好地了解孩子　　　　252

三、尊重：尊重孩子，孩子才愿意跟你亲近　　　　257

四、信任：信任孩子，孩子才会相信你　　　　261

五、同理心：站在孩子的角度思考问题　　　　264

后记　　　　**269**

读懂孩子，才能成就孩子　　　　270

作为父母，
你真的懂孩子吗（1～14 岁）

一、究竟有多少父母了解自己的孩子

作为父母，你是否觉得孩子只要成绩好就是优秀的孩子？如果真的是这样，那么就不会出现"北大学子弑母案"了。

可见，成绩好并不是判断孩子优秀的唯一标准。要想把孩子培养成优秀的人，父母应该倾听孩子内心的声音，这样才能真正了解孩子，把孩子培养成优秀的人才。

父母对孩子的反抗心理了解得少，就容易跟孩子起冲突，自己很生气，孩子也想离家出走，最后闹得"两败俱伤"。于是，矛盾愈演愈烈，亲子关系愈加疏离。父母从自己的角度想尽办法，也只是换来孩子一如既往的对抗。

那么，父母应该怎样做才能做到真正了解自己的孩子呢？请看下面的例子：

自从男孩有记忆以来，父母就经常吵架，每次父亲喝醉都会无缘无故地打骂母亲。有一次，当看到父亲将母亲打倒在地，男孩不知所措地大哭起来。

上了幼儿园后，虽然男孩到了新的环境，但父母对他早已形成了很大影响，他无心学习，上课不是捣乱，就是沉默不语。母亲了解到情况后，跟老师沟通，问："孩子究竟怎么了？"

老师深思了片刻，说："孩子一直情绪不稳定，有时还跟小朋友吵架。"结果，母亲赌气说："我回家好好管管。"然后，她就把男孩关在家里好几天，没让他去幼儿园。

上面的例子中，家长这么做，对孩子有好处吗？显然，不但没有任何好处，相反还会引起孩子更大的叛逆心。而家长之所以会这么做，缘于对孩子心理的不了解。家长一味站在自己的角度去管教孩子，那么结果必然会适得其反。

所以，身为家长，你们是否真正了解自己的孩子？作为父母，你们的言行举止是否会刺痛他们幼小的心灵？孩子是否也让你们觉得心力交瘁？特别是对于住校的孩子，你们又了解多少？他在学校里有没有遇到校园暴力？遇到校园暴力他会坦诚地告诉你们吗？

其实，很多父母并不真正了解自己的孩子，例如，孩子为什么不如以前听话了？为什么不如以前活泼了？为什么开始说谎话了？为什么学习成绩变差了？……

对于孩子成长中的这些"为什么"，父母经常搞不懂，因此具体的做法也就南辕北辙。

二、了解孩子，才能解读孩子的成长密码

一颗有生命力的种子，只有遇到合适的外在条件，才会努力生根并发芽成长，尽显自己的勃勃生机。而一颗种子不能成长，如果不是外在的环境不允许，那就是这颗种子本身内在生命能量匮乏。

孩子出生后，就是一颗能量具足的、有生命力的种子，如果父母能给孩子提供良好的外在环境，孩子的生命力就会喷薄而出，充分展现出自己的生命之美。再加上父母的正确引导，孩子这棵树苗就能长成一棵参天大树。

但是，孩子的生命力，又有多少家长看见过？

当孩子注意力不集中的时候，你会不会责怪孩子，而没有反思你是不是破坏了孩子本身的注意力。

当孩子成绩不好的时候，你会不会指责孩子，而没有看到孩子为了这次考试所付出的坚持与努力。

当孩子做事毛手毛脚的时候，你会不会说孩子无能，而没有看到孩子做这件事的初始善意。

孩子许多行为的背后，其实都蕴藏着孩子最质朴、最本真的生命力发展的能量，而你是否看到了孩子内在的生命力？

读懂孩子，才能成就孩子

耶鲁大学格塞尔儿童发展研究所曾做过一个实验：

工作人员花费 40 多年时间，调研 1 ～ 14 岁儿童的生理、心理需要及其行为的变化与发展，最终得出了一系列科学结论。这些从实践中得来的科学结论能够帮助年轻的父母真正了解自家的孩子：知道孩子真正需要什么，以及如何培养出优秀的、幸福的孩子。

1. 1 岁半到 2 岁半——"和顺期"与"执拗期"

在 1 岁半到 2 岁半，孩子会反复地穿梭于"和顺期"与"执拗期"之间。孩子成长迅速，这些周期也相对短一些。对这个时期的孩子，家长要多给予陪伴与关注，让他们获得足够的安全感，为其未来的性格发展打下良好的基础。

2. 2 岁的孩子"不"字当头——打滚耍赖，一意孤行

其实孩子做出这些行为（打滚耍赖）都只是因为：孩子开始有了自我的意识、意愿、意图，但他不懂得表达，甚至也不是很明白自己的意图。对待这个时期的孩子，家长的管教主要以疏导为主。

（1）安全第一。不要告诉孩子不许玩、不许碰，要把该锁起来的都锁起来，该扣好盖子的都扣好盖子，然后放手让孩子玩，家长只需跟在后面确保他的安全就可以了。

（2）摸索孩子的生活规律。在孩子陷入坏情绪的陷阱之前，家长宜采取恰当措施，例如，让孩子吃饱、睡好、带他到其他地方玩等，让孩子快乐，远离坏情绪。

（3）应该把孩子这一时期的很多"坏行为"理解成孩子探索、学习的求知行为。例如，你教孩子搭积木，他却偏要推倒你的成品，不肯跟你学。这时，你就应该把他的行为理解为：他现在对积木倒塌时的现象更感兴趣，他正在琢磨推与倒之间的关系。

3. 3岁的孩子——从友善平静，到学会反抗

3岁前期的孩子友善平静，易于接受，也乐于分享。这时候，他一向强硬的拒绝态度减少了，取而代之的是接受分享或者依赖成人，但他也能体会到自己的成长和能力的增强。他对肢体动作的控制已经相当熟练和舒畅。他步伐稳定，急转弯也不费劲，语言能力也发展得很好。但从3岁半开始到4岁，属于自我意识的敏感期，反抗开始成了这个时期的最大特征。他内向、焦虑，缺乏安全感，意志力极强。

3岁半的孩子非常没有安全感，甚至在生理发展上也表现出缺乏安全感，如口吃，常常摔跤，有时紧张得发抖。

读懂孩子，才能成就孩子

他一方面缺乏安全感，一方面却又想支配外在世界，结果导致他无法控制自己的情绪，每天都在挣扎中度过，生活过得很不愉快。3岁半的孩子此时正处在体验自己与别人的关系，以及自我与自我的关系中。

4. 4岁的孩子——心是活泼的，喜欢冒险

4岁的孩子喜欢任何新鲜的事物，喜欢接触不认识的人，喜欢到新的地方，喜欢新的游戏、新的玩具等。对于大人提出的娱乐点子，他们会积极响应。

他们发现大人虽然还是握有大权，但是并非全能，同时，他们也发现自己很有力量。从他们的观点看来，坏事未尝不可以做。从这个时期开始，孩子渐渐有了好与坏的是非观念。让他们最高兴的事莫过于在睡前听一些小故事。

5. 5岁的孩子——开朗愉悦，懂事了，讲理了

在这个年龄，最令人喜悦的特质就是孩子开始变得热爱生活，懂得自得其乐了，而且总是看到生活光明的一面。

5岁的孩子的生活总是跟现在、这里息息相关。他们非常在意自己的房间、自己的家、家所在的那条街道、邻居，以及幼儿园的教室。他们变得安静，有节制，有了"家"的概念，也更热爱自己的家了；喜欢遵守既定的规则、规矩，对于别人已经尝试过的或既成的事实，就觉得安心舒坦；他们最感兴趣的时间是现在，最喜欢的地方是这里。

5 岁的孩子开始很少惹麻烦，最重要的是，他们具有了一种神奇的能力，即可以判断自己什么做得到，什么做不到。也就是说，他们学会自我控制了，会衡量自己的能力，把做得到的和做不到的事分得很清楚，判断得很准确，而且他们只尝试那些他们认为一定办得到的事情。经过一次次的成功，他们便会建立自信。

这个时期的孩子不会胡思乱想，也不会无缘无故地担心一些事情，他们会认为妈妈一定在家，不只现在在家，以后永远也会在家，他们理所当然地认为自己和父母都是永生不灭的。

5 岁半的孩子有一个重大改变，即会变得迟疑不决，懒散闲荡。

6. 6 岁的孩子——进入了暴风骤雨般的第二个叛逆期

6 岁的孩子会在转瞬间讨厌刚才还满心喜欢的事情。他们世界的中心不再是妈妈，而是自己，他们希望事事处处都按自己的意愿。他们同时在很乖和很叛逆两个极端间

　　　　　　　　　　　　读懂孩子，才能成就孩子

游走，把笔画或数字反写也是很常见的现象。

他们喜欢争强好胜，难以忍受任何失败，而且敏感，很容易受伤。最大的问题是：他们与父母的关系，也游走于两极之间。他们既深深地依赖父母，同时尝试要自己站起来，在心理上希望不依赖任何人。

7. 7 岁的孩子——在意自己在家庭中的地位和价值

这一年龄段的孩子不再像 6 岁时那样和父母顶嘴，却也不那么喜欢与人交往。他们记性不佳，容易分心，学习起来磨磨蹭蹭，对帮父母做家务不感兴趣。他们生活在自己的秘密花园里，充满了感伤的基调。他们会觉得别人不喜欢他们，有意找他们麻烦。7 岁的孩子很容易把什么都朝坏的方面想。

7 岁的孩子很在意上学不迟到、作业及时完成、自己的东西收到自己的地方，并在意别人怎么评价他们。准确地说，他们开始很在意老师怎么看待他们，开始想做一个让老师满意的好学生。

8. 8 岁的孩子——突然变成话匣子

孩子可能会突然变成话匣子，对自己、对别人的要求都严格起来，甚至可以说是苛刻。

他们开始建立道德是非观念，开始明白事情与事情之间的因果关系；非常愿意做好孩子，愿意把事情做好，愿意遵守规矩；对于"对与错"的看法已经不再是单纯的"好"与"坏"的两极，思维开始丰富起来，很在意自己对别人的感觉，也很在意别人对他们的感觉。

他们对"好"与"坏"的观念，不再局限于父母是否允许他们怎么做，而是根据他们萌发的因果逻辑关系，建立了是非观念。在此之前，孩子对"好"与"坏"的判断来自父母"准许"或者"不准许"。

8岁是孩子情感上最需要父母的年龄。他们非常需要父母分享他们的思考、幻想、对话、游戏，喜欢和父母在一起，包括一起劳作、玩耍、聊天、读书，这让他们觉得他们"全部占有"着父母。

8岁的孩子对父母之间的关系很敏感，开始关注家里发生的事，包括关注大人的电话、信件、闲聊，试图找到他们在家庭中的位置。他们很喜欢和同龄的孩子玩，并且是和同性别的孩子玩。

9. 9 岁的孩子——学习能力呈跨越式提高

在此之前的数年间，孩子每升高一个年级，功课要求

读懂孩子，才能成就孩子

的难度比上一年级似乎只是增加一点点。现在，孩子要胜任四年级的功课，不但需要具备新的思维方式，还需要用全新的方法来运用以前学过的一些知识。

尽管不少 9 岁的孩子的确面临着相当严峻的课业要求，但是大多数的孩子还是喜欢上学。孩子回家聊学校的话题可能比以前更多，尤其喜欢聊他们自己的某些成功、突出的表现，也喜欢聊学校里发生的某些特别的事情。

"成就感"对于这个年龄段的孩子来说相当重要。因此，孩子往往变得十分好强，无论是做功课还是玩耍，都不愿意失败，都要竭尽所能。

10. 10 岁的孩子——生活非常美好，喜欢行动，懒于思考

10 岁的孩子是一个"行动派"，而不是一个"思考者"。随便一个简单的事情就能带给他们很大的快乐，例如，晚饭后可以出去玩，没有家庭作业。他们最常见的情绪表达是生气，生起气来又快又猛。

尽管 10 岁的孩子也会气得哭，不过他们大都会觉得"自己都多大了，哪能哭呢"，所以，这个年龄段的孩子的眼泪很少。

11. 11 岁的孩子——处于动态的年龄，状态不稳定

11 岁的孩子在自我照料和日常作息方面，不会刻意做有规律的事情。在情绪方面，叛逆的苗头已经出现。11 岁的孩子自我意识在成长，独立意识增强，反复无常是常态，父母要予以理解。他们在活动与兴趣爱好方面，对抗性增强，不愿独自玩耍。

12. 12 岁的孩子——性格和行动都处于比较理想的状态，青春期初期各项特征凸显

12 岁的孩子自我照料和日常作息已让家长省心不少，负面情绪减少是这个年龄段的孩子的主要特点。他们自信独立、善解人意，并有了自我主张。在人际关系方面，他们与家人关系缓和，不再排斥异性；兴趣广泛，偏爱集体活动；对学生生活充满了热情，甚至热情过度。

13. 13 岁的孩子——自我性格纠结的一年，动手能力频频闪现灵光

13 岁的少年一改 12 岁时的阳光、沉稳，再度陷入纠结的状态。他们不愿与人交往，性格内向、阴郁、悲观、隐秘，遇事有点退缩，不愿被别人窥探。虽然如此，但是在动手方面他们频频闪现灵光，喜欢敲敲打打，动手修理和

制作东西。总体来说，13 岁的少年已经明显显露出青春期少年的特点。

14. 14 岁的孩子——充满朝气的一年，但不能忽视发生的意外事件

在这个充满生气的一年，你会看到一个个形象多变的少年。他们热爱学校，热爱与人交往，愿意让自己的生活变得充实。他们包容性更强，不再像一年前那样，对看不惯的事情也较少大肆批判。尽管 14 岁的孩子具备这么多优点，但不能忽视这一时期有些孩子会接触一些不良嗜好。14 岁的少年绝大部分会表现出更强的责任感。

三、读懂孩子，教养才能事半功倍

中华上下五千年，历来都不缺天才和神童，尤其是近现代全民开智、全民学习以后，随着知识的不断汲取，人们想得更多，做得更多，懂得也更多，同时，越来越多的小天才崭露头角，令人啧啧称奇。

现在很多家长属于高文化、高学历人群，他们会尽自己最大的努力帮助孩子解决学习上的困难，但往往把握不好度，以至于有时帮助孩子完成了本不该在他们这个年龄段完成的事情，例如，小学完成了中学的课题，甚至小学便完成了大学该研究的课题，或许家长会为此自豪，殊不知这却是毁掉孩子的祸根。

案例1：张某，不断跳级，10岁便参加高考，以505分的成绩考入了天津某学院，成为全国年龄最小的大学生。13岁，通过北京工业大学硕士研究生的复试，成为全国年龄最小的硕士研究生。16岁，被北京航空航天大学数学专业录取，成为年龄最小的博士生。不断跳级的他，博士毕业用了整整8年。

很显然，张某的研究能力远低于其他博士生，泯然众人，有种后劲不足的味道。足见，超越年龄的求学经历只会让天才泯灭。无独有偶，因为智力被过早开发而泯灭的天才不在少数。

案例2：谢某，上到小学五年级，然后跳过了整个中学阶段，进入了少年班，11岁上中国科学技术大学，15岁读硕士，18岁读博士。足够傲人的成绩，师从诺贝尔奖获得者安德森，却因与导师关系不睦而被召回国，只能在大学当一名普通老师，而他，本可以发展得更好。

案例 3：干某，12 岁考上中国科学技术大学，16 岁时在全国物理赴美研究生考试中获得第二名，进入普林斯顿大学。但同样是因为与导师关系不和，最终回国。之后，他的精神疾病不断复发，甚至有传言说他已经疯了。

案例 4：宁某，曾被誉为"第一神童"，13 岁时成为中国第一位破格进入大学就读的学生，19 岁成为全国最年轻的大学讲师，但最终遁入空门，出家修行。

或许孩子智商超群，能做到快进式学习，但其心性必然跟不上，最终只落得令人惋惜的结局。

上述事实告诉我们，只有循序渐进，才能培养出优秀的孩子，孩子也才能拥有健康的身心。

什么样的年龄，就做什么样的事。超越年龄的任何表现都可能在未来以另一种方式伤害到自己。孩子可能很聪明，甚至比别人聪明十倍、百倍，但本该上几年级，就上几年级，不要激进，要循序渐进。同样，孩子属于哪个年龄段，就该研究哪个年龄段的课题，盲目冒进也就失去了学习的乐趣。而且，学习不仅是学习知识，还要学习为人处世，要让心理年龄尽可能与身体年龄保持一致。

超越年龄阶段的学习只会导致孩子心智不成熟，最终不利于孩子的成长发展；符合孩子成长规律的要求才是真正适合孩子的教养方式。

如果孩子是一棵喜阴的植物，我们却将孩子放在太阳底下暴晒，孩子会茁壮成长吗？也就是说，如果我们不了解孩子，我们就有可能用错误的方式对待孩子的成长，更谈不上能帮助孩子成长了，所以说，了解孩子才能解读孩子成长的密码。

读懂孩子现在的行为和由此反映出的强盛生命力，我们就会明白，这是孩子的成长过程。在这个过程中父母用合适的方法引导孩子，孩子就会茁壮成长。因此，读懂孩子才能让我们教养孩子的过程变得更轻松。

家庭是孩子的第一所学校，父母是孩子的第一任老师，要想让孩子成长为一个更好的人，有一个更好的未来，将家庭教育做到位才是首要的。因此，父母要重视以下 5 个关键点，让教养孩子事半功倍。

1. 孩子需要陪伴

教育从来不是肯为孩子花钱就可以了，更多的是让孩子从父母的言行中、从父母的为人处世中、从父母给予的爱和陪伴中得到教育。童年只有一次，成长不会重来，不要因为自己的缺席而让孩子的成长过程变成他一生的缺憾，不要给自己留下永远弥补不了的遗憾。

2. 孩子需要包容

人无完人，更何况是成长中的孩子。无数望子成龙、望女成凤的家长，在教育时总是尽可能地阻止孩子犯错，但真正好的教育恰恰是允许孩子犯错，因为教育的前提是爱，而不是一味地苛责。对孩子多一点包容和耐心，反而能让孩子更好地成长。

尽管孩子平时总是闯祸，发生各种小意外；尽管他有时候不那么体面，会让你在外人面前有点难堪；尽管他总是会打乱你的平静生活，给你增添各种麻烦，但只有经历过跌跌撞撞，经历过各种闯祸，孩子才能成长。所以，当孩子犯了大多数人都会犯的错误时，家长应该对他说"没关系"，然后引导孩子去弥补，去反思，这才是好的教育。

3. 孩子需要鼓励

很多父母不敢轻易肯定和夸奖孩子，仅仅是因为怕孩子骄傲，但是他们从未想过，一味地给孩子差评，只会让孩子陷入自卑的漩涡。一味地批评，会让孩子丧失斗志，而真诚的鼓励与赞扬才能帮助孩子找回自尊和自信。因此，做父母者，请不要吝啬你的夸奖。孩子有优点，也有缺点，当父母选择对孩子积极的一面进行关注，并不断鼓励时，孩子就能不断发挥其优势，激发出内在的动力，从而树立信心。因为对孩子来说，父母的肯定与称赞会让他充满无穷的力量和变好的决心。

4. 孩子需要独立

每一位有远见的父母都应该明白，独立才是伴随孩子一生的技艺。父母之爱子，则为之计深远。真正爱孩子的父母都懂得从小培养孩子的独立能力，这样即便将来孩子离开自己，也能很好地生活。正如苏霍姆林斯基所说："儿童成长过程中所尝试做的事情，就应该让他们去做，给孩子一个自由发展的环境，以帮助孩子更好地成长。"孩子来自我们，但不属于我们，他属于他自己未来广阔的人生，父母能做的就是培养孩子的各项能力，然后放手任他高飞。

5. 孩子需要尊重

美国精神病学家威廉·歌德法勃曾说过："教育孩子最重要的，是要把孩子当成与自己人格平等的人，给他们无限的关爱。"成功的家庭教育一定是以尊重为前提的，父母

读懂孩子，才能成就孩子

能够与孩子平等相处。因此在交流的时候，父母最好能蹲下来与孩子的目光平视，以平等的姿态与孩子相处，对孩子正确的想法和行为给予充分的肯定。

孩子除了是父母的孩子，更是独立的社会个体，他们有自己的思想，有自己的喜好，有自己的小秘密。父母不要总是摆出家长的高姿态，站在道德的制高点上告诉孩子这样做才是对的、那样做是错的，更不要凭借多年的经验，直接代替孩子做出选择，而应该耐心地引导孩子，给予孩子足够的尊重。

第二章

从孩子的语言入手，了解他们的内心世界（3～6岁）

一、认真倾听，让孩子将想法直接说出来

很多父母常常责备孩子不听话，却未曾反思，其实自己从来就没有好好听过孩子说话。

我们常常只愿意听到自己想听的话，而忽视那些真相，特别是在跟孩子交流时。倘若一个大人，带着不可置疑的权威，跟自己的孩子沟通，那么这个孩子说十句，父母可能顶多就只会听一两句，甚至几个词，然后就开始下结论，再用各种自己的所谓的经验和事例来佐证，表示自己的结论有理有据，并要求孩子听自己的，必须这么做，这样和孩子沟通，孩子肯定是孤单的，因为他无法吐露自己的心声。

孩子扑闪着自己那亮晶晶的眼睛问你："爸爸，为什么说鸡是恐龙的后代啊？""为什么我们不能去火星呢？""妈妈，为什么我不能飞？我的梦想就是飞起来！"然后期待着你的回答时，你要么是置若罔闻，直接说自己太忙，用自己的事来搪塞孩子；要么就编一个理由来哄骗孩子。孩子一次次喊你来听，来寻求关注，却一次又一次地失望。假如你是孩子，你也会觉得很挫败，很气馁。所

以，孩子选择"还是算了吧"，最后在你面前习惯"闭嘴"。

随着孩子一天天长大，自我意识开始萌芽，有了自己的思想，表达能力也逐渐完善。可是这时，当父母想要多了解自己的孩子，甚至想跟他们沟通时，却发现孩子对父母不理不睬，甚至无理顶撞。有些父母甚至还发现，不知从何时起，自己与孩子之间已经筑起了一道无形的壁垒。

孩子给自己的内心设上一道"闸门"，不再愿意把自己的心声告诉父母，也不愿意让父母了解自己的想法和行为。为什么会出现这种现象呢？一个重要原因就是，当孩子跟你说话的时候，你忽视了孩子的语言，不了解他们的真正想法，也忽视了他们的正当需求，没有给予他们正确的引导。

父母都深爱着孩子，希望孩子成才，有时会把自己的意愿强加给孩子，以过来人的经验来要求孩子。但在这样的教育方式下，孩子往往会做出一些叛逆或反抗的行为。在与孩子的交流中，父母一次又一次以权威性身份进行说教、安排，却一次又一次忽视了对孩子心声的倾听：这些是孩子想要的吗？孩子对父母的安排是什么想法？很少有父母去真正关心这些问题，这也是导致家庭教育出现问题的原因之一。

著名的人际关系大师卡耐基曾经说过："一双灵巧的耳朵，胜过十张能说会道的嘴巴。"倾听确实是人际关系中非常重要的一环，是开启有效沟通的重要途径。孩子不是机器人，不是父母遥控指挥的对象，他们有自己的思想和主见，父母只有学会认真倾听孩子的想法，才能接纳和理解孩子。

身为父母应该明白，倾听的目的不是评判孩子说得对或错，而是用"倾听"的动作来给孩子支持和理解；通过倾听的动作，表达自己对孩子的爱，让孩子感到他们在这个世界上并不孤独，父母永远是他们心灵的归宿。所以，聪明的父母不会做高明的说教者，而是做高明的"听话"者。

1. 用正确的姿态倾听

父母要想改变孩子"不听话""对着干"等逆反心理，就必须先让自己摆脱传统的教育观念，即不要用居高临下的姿态对待孩子，而是要用平等真诚的态度与孩子沟通。只有这样，孩子才愿意向父母吐露心声，才能从"不听话"变为听话，从"对着干"变为愉快合作。

一个 5 岁的孩子经常对同伴这样抱怨："跟妈妈讲话真

读懂孩子，才能成就孩子

没意思，她一边干家务一边和我说话，眼睛从来不看我，有时我都不知道她是不是在听我说话。"因此，父母在倾听孩子说话时，要用对姿态。

那么父母如何做才是正确"倾听"孩子呢？

首先是"停"——手上和心里的"停"，即父母要暂时放下正在做和正在想的事情，注视孩子，给孩子表达的时间和空间。其次是"看"，即仔细观察孩子的脸部表情、说话的声调和语气、手势以及其他肢体动作等非语言信息。最后是"听"，即专心倾听孩子说什么，同时以简短的语句，如"你觉得老师不公平吗""你很生气自己被冤枉吗"等，把孩子的想法和感受引导出来。

也许孩子的行为确实有不妥之处，但父母千万不要急于批评和纠正。待孩子说完之后，父母可以这样和孩子沟通：首先去接纳孩子，如"我理解你现在的心情……""我体会到你很伤心……"，然后慢慢地引导孩子，如"有什么方法呢""以后你将会怎样做呢"等，激励孩子思考，并帮助他从错误中走出来。

2. 表现出倾听的兴趣

孩子在向父母倾诉时，最怕听到的一句话就是"我早知道了"。听到这句话，孩子"说"的欲望就全被打消了。当然，如果孩子经常听到父母这样的话——"知道了，早知道了，别烦我""该干吗干吗去吧，我哪有工夫听你瞎说"，那么孩子肯定会把自己心灵的大门紧紧关闭，从此再有什么事也不会向父母说。

其实，认真听孩子倾诉也是父母对孩子的一种尊重。做父母的关心孩子，不应只是关心他的冷暖、吃住、学习，还要关心他感兴趣的事。对孩子所讲的事情表现出兴趣，孩子就会愿意和父母交流。因此，当孩子对你说某件好玩的事情时，父母一定要表现出兴趣，认真地倾听，并把这种认真的态度传达给孩子。父母可以用以下方法传达。

（1）运用表情变化来传达。比如保持微笑，并常常做出吃惊的样子。孩子都希望看到大人对自己所说的事情表现出吃惊的表情，因为能把大人吓住（吸引），说明自己很有本事（了不起）。

（2）语言表达。在倾听孩子说话的过程中，用简单的话语，诸如"太好了""真是这样吗""我跟你想的一样""你的想法太好了，继续说""我简直不敢相信"等，来表示你的兴趣。

读懂孩子，才能成就孩子

掌握了以上方法，你会发现，不论孩子的话题多么简单，如果你想要表现出有兴趣的姿态，那么兴趣就会自然而然地产生出来。如果你总是沉着脸一言不发，做出一副漫不经心的样子，那么孩子就会很失望。慢慢地，他就会养成对什么事情都漠不关心的坏毛病。那些在课堂上发呆、不爱发言的孩子，在学前阶段很可能缺少好的听众。孩子从小没有感受过自己语言的魅力，必定会对自己的语言表达能力失去应有的信心。

3. 再忙也要听孩子说话

"我妈从来不愿意听我说话，她每天说得最多的话就是——'我很忙'。"

"我家里人很少在一起说话聊天，每天都是自己忙自己的事情，在家一点意思都没有！"

"我和爸爸根本无话可说，他好像也不喜欢和我说话，所以我只好上网聊天了。"

孩子抱怨父母，并非空穴来风。其实，在孩子的内心深处，他们是很希望与父母交流的。孩子有高兴的事，第一个想到的是告诉父母，与父母分享快乐；如果有烦恼的事，也很想得到父母的开导和帮助。但是，很多父母没有与孩子交流的习惯，他们总是说"我很忙，哪有时间听你说个没完呀"。于是，在这种观念下，父母与孩子之间的代沟就会随着孩子的长大而越来越深。

"每天暂停 10 分钟，听听少年心底梦"，这是一则公益广告，它通俗地讲出了家长要善于倾听孩子诉说的重要性。

对大多数父母来说，每天抽出一点儿时间，哪怕只有 10 分钟，并不是一件困难的事情。妈妈可以在做饭的时候，让孩子一边帮自己择菜，一边与孩子聊聊在学校的情况；爸爸可以在孩子睡前的 10 分钟，听他唠叨一下他与同学之间的关系。听孩子诉说是帮助孩子成长的一个很好的途径，也是做父母的一份责任，因此父母应给予足够的重视。

4. 不要打断孩子的话

一次偶然的机会，妈妈问 6 岁的女儿杉杉："你长大后要做什么呀？"

杉杉歪着小脑袋想了好一会儿，然后低着头告诉妈妈："妈妈，我想做小偷。"

妈妈有些惊讶，但更多的是气愤，心想：真是个不争气的孩子，做什么不好，偏偏想要做小偷。妈妈刚想训斥她，但看她低着头的样子，突然强烈地想知道孩子产生这

读懂孩子，才能成就孩子

种想法的原因。于是，妈妈控制住自己的怒气，语气温和地问孩子："能告诉妈妈你为什么想做小偷吗？"

杉杉有点不好意思了，她结巴着说："我……我想偷走夏天的太阳送给妈妈，这样妈妈的冻疮就不会复发了。"妈妈的眼里闪出了泪光，情不自禁地将女儿拥入怀中。后来，杉杉的妈妈在跟别人说起这件事时，仍然很激动："当时我真的很庆幸自己多问了一个为什么，庆幸自己倾听了孩子的心声，否则我不仅错怪了孩子，更为可怕的是我会伤害一颗善良而又纯真的心灵。"

每个孩子的心灵都是纯洁的，当他们在讲述自己奇怪的想法时，父母千万不要打断他们。随意打断孩子的话不仅是不尊重他们的表现，更有可能使孩子关闭心灵的大门，从此拒绝与你沟通。

二、我是谁，我从哪里来——积极面对好奇心重的孩子

在探究生命意义的过程中，很多人会发出灵魂的提问——"我是谁""我从哪里来"。其实，不仅是大人，年

幼的孩子也会问出这样的问题。他们会跟在父母身后不停地问："我是谁？""我是从哪里来的？"智慧的家长，会给孩子做出解释，而很多家长会搪塞孩子："你是我家的宝贝啊！""你是从石头缝里蹦出来的。"这样的回答让人哭笑不得，同时也反映出家长的无奈和无措。

有位家长曾发出过这样的提问：

"老师，我觉得我家孩子总是看到一个东西就能问出来一大堆问题。在孩子2岁的时候，孩子对正在烧水的水壶好奇，问我水壶为什么会咕噜咕噜响。我没放在心上，因为我在忙着做饭。没想到，他用双手去摸开水壶被烫伤了。他的好奇心促使他做出行动。一个很简单的问题，他会一直不断地问我，一开始我也是心平气和地讲解，可讲的次数多了，时间久了，我也很暴躁。对于孩子的好奇心，我该怎么办呀？"

孩子为什么会问这样的问题呢？其实，问题的背后是孩子的好奇心在觉醒。

好奇心重的孩子一旦遇到新奇、好玩的事物，就会喜欢问各种各样的问题：天上为什么会下雨？雨是从哪里来的？花朵为什么是红色的？我从哪里变出来的？人为什么

读懂孩子，才能成就孩子

会死？从天上到地下，从宇宙银河到分子、离子……一个孩子的问题都可以整理出几十本《十万个为什么》。面对孩子的种种好奇发问，家长一开始还可以耐心地解答，但随着孩子问的问题越来越多，越来越难以回答，家长就会慢慢变得很烦恼。

须知，孩子在成长阶段，对于万事万物都很好奇。家长若对孩子的问题不管不顾，或敷衍了事，不重视和孩子进行语言上的交流，总希望孩子能安安静静的，就会忽视孩子好奇心觉醒这一重要的成长阶段。

1. 孩子的好奇心到底隐藏在哪里

我国著名的教育家陈鹤琴说过："好奇心对于孩子之发展具有莫大作用，孩子凡对于一切新的东西就产生出好奇心，一好奇就要与新东西相接近。"那么孩子的好奇心是如何产生的呢？很有可能因为孩子看到了自己不懂的现象或遇到了不会的事情，这取决于孩子的认知能力。如果孩子遇到无法理解的事物，就会很自然地想通过与父母沟通得到答案。特别是自己生活中从来没见过的事物，自己想要去弄明白，才会产生好奇的心理。孩子在小的时候，对周围的一切都有好感，喜欢探索未知。在学习中遇到自己不懂的问题，不知道如何去解决，就会向父母寻求帮助，询问为什么会这样。他们如果对父母的回答不满意，则会继续追问。

有的孩子天生机智，思维活跃，对任何事物都怀着很大的好奇心，对什么都想看一看，碰一碰。

其实，不仅孩子有好奇心，大人也有，但是孩子的好奇心要远远超过大人。好奇心驱使孩子总是喜欢问大人为什么。他们对于周围的一切事物充满好奇。一些孩子的想象力丰富，他们看到什么，就会浮想联翩到什么。由于认知力不足，他们会通过提问的方式来了解自己想不通、弄不懂的事物。

孩子除了好奇心很重，求知欲也很强烈，这驱使他们遇事总爱问为什么。他们对周围的一切都很有兴趣，特别是对自己没见过、没听过的，总爱问为什么。

对于孩子爱问问题这个特点，家长应该正确对待。

2. 家长如何应对孩子的好奇心

（1）正确认识孩子的好奇心。孩子有好奇心是很正常的一件事，家长没必要大惊小怪，更不能感到厌烦。当孩子对某些事情产生好奇心的时候，家长应该尽量保护而不

　　　　　　　读懂孩子，才能成就孩子

是制止。家长要帮助孩子正确认识好奇心，培养和保护好孩子的好奇心，让好奇心成为孩子打开世界大门的钥匙。家长应积极地引导孩子，让他知道正确的方向，告诉他问为什么并不是什么丢人的事情，反而是值得骄傲的事。

（2）直面孩子提出的问题。如果孩子喜欢问问题，那么家长要学会回答孩子的问题，并一一给予正确引导，不要选择性回答。当孩子问的问题比较敏感时，家长一定要直面问题，不要选择避而不答。特别是对一些难以启齿的问题，家长也要将正确答案告诉孩子，只是要注意方式方法。例如，很多学龄前的孩子都会问"我从哪里来""为什么爸爸要站着上厕所"等。这些属于比较敏感的问题，但是家长不能回避孩子这样的问题，可以运用一定的技巧（打比方、举例子等）告诉孩子答案。

（3）依据年龄特点回答问题。家长要在孩子成长的过程中关注他的身心发展，依据孩子的年龄特点回答问题。不同年龄阶段的孩子想法不同，所以家长在回答问题的时候要注意方式方法，在说出答案的时候要直截了当，用孩子能听懂的语言告诉他们。等到孩子长大了，有了一定的理解能力，家长就可以讲一些大道理，从而让孩子积累知识，懂得越来越多。

（4）家长要有耐心，不要敷衍。对于孩子提出的问题，家长要有耐心，不要对孩子敷衍了事，更不要随意回答。在回答的时候，家长一定要有正确的态度，给予孩子正确解答，直到孩子弄明白为止。家长千万不要暴躁，不耐烦，以免损伤孩子的好奇心和探索欲。

（5）家长要懂得换位思考。家长应该设身处地地替孩子考虑。如果他们得出了某些结论，家长还应该跟他们一同讨论。家长一定要懂得换位思考，即设身处地地替他们着想，站在他们的角度考虑问题的原因，当了解孩子提出这些问题的背后原因后，再依据原因给予积极回应和解答。

（6）家长也要拥有好奇心。家长是孩子的第一任老师，也是孩子成长的榜样。家长应该和孩子一起探索问题，并做好正确引导。这样孩子才能在家长的身上学到探索的精神，勇于向家长提问，在不断提问中提升自我认知，保持好奇心。

总之，孩子有好奇心是好事，家长不能扼杀孩子的好奇心。家长不要总觉得孩子的问题太幼稚而粗暴拒绝，从

读懂孩子，才能成就孩子

而泯灭了孩子的创新意识，进而对他将来的成长和发展造成不好的影响。

三、这是我的——孩子有了物权意识，请尊重

随着生活水平的不断提高，现如今大部分孩子在父母的呵护下过着娇生惯养的生活。孩子一天天长大，随着自我意识的逐渐增强，便开始出现物权意识，进入物权意识的敏感期。这个时期孩子最常说的话就是"这是我的东西""那是我的"，什么东西都不愿意和别人分享，还喜欢把一些东西据为己有，甚至连父母都不愿意给。孩子不懂得分享，家长该如何应对呢？请看下面的例子：

我女儿萌萌已经 5 岁了，我的好朋友天天带自己的儿子陶陶来我家玩。我通常会把萌萌的玩具拿出来给陶陶玩，但萌萌总是据为己有，陶陶玩什么，她就抢什么，就连平时不喜欢的玩具在那一刻也变成了宝贝。这时我总会给萌萌讲道理，告诉她要学会与朋友分享，但萌萌就是听不进去，甚至还会因此哭闹不止。

相信每个家长都有这样的困惑，孩子的年龄越来越大，

反而让家长觉得孩子越来越自私，这是因为孩子逐渐有了自己的想法，有了物权思维。孩子自己的东西不想给别人，不愿意跟别人分享，开始保护自己的物品，在他们的眼里什么都是自己的。

对此，儿童心理学家指出，这是孩子物权意识的觉醒。所谓物权意识，就是培养孩子的"物权"观念，让孩子拥有独立自主的意识，帮助孩子更加珍惜自己的物品，维护自己的权利和尊重别人的物品。

物权意识能树立孩子独立自主的性格。孩子对自己的东西过于看重，不许别人触碰，家长便认为这是自私自利的表现，因此很多家长会强迫孩子把东西拿出来和别人分享，认为这样对孩子的成长更好。其实对孩子来说，拥有独立的物权意识是一件好事。这意味着，孩子的人格开始逐渐独立，对自身开始有了明确的见解。

孩子的物权意识其实也是独立人格的一部分。只有孩子开始对自己的东西有了明确的概念，孩子才会对自身有明确的概念。相对来说，被家长强行要求分享物品的孩子，时间久了就会出现自我意识不清晰的问题，缺少跟外人的界限感，长大后不但很难融入社交活动当中，产生很多社交问

读懂孩子，才能成就孩子

题，甚至还可能被人觉得太单纯，不会保护自己的东西。

家长尊重孩子的物权意识，不但能锻炼孩子的独立生活能力，还能不断使孩子认识到自己是这些物品的真正主人，会增强孩子的自主意识和自信心。同时，孩子在整理、摆放、使用、保管自己的物品的过程中，会使家庭生活更加愉悦，家庭环境更加井井有条，这也是一个培养孩子管理能力、动手能力、良好的工作态度、劳动习惯、爱护劳动成果等优良品质的过程。

当孩子踏出家门的第一步时，家长就应该明确孩子的物权意识，同时尊重孩子的物权意识，否则孩子就会对这个概念发生混淆。拥有物权意识的孩子懂得舍己为人，正所谓"己所不欲，勿施于人"。尊重孩子所拥有的物权将会很好地促进孩子各方面的健康发展。而尊重别人的物品则是一种社会规则，尊重这个规则会使孩子在交往中更受欢迎。

1. 尊重孩子的物权思维

家长每送给孩子一件物品时，要向孩子讲明白，"这是送给你的东西"，然后一定要向孩子仔细介绍这件物品的名称、主要用途、使用方法、使用时的注意事项，从而帮助孩子给新物品找到合适的定位。

2. 帮助和引导孩子对物品进行登记描绘

家长要为孩子准备合适的物品登记本，向孩子讲解如何进行物品登记，进而管理好自己的物品。家长和孩子可以一起商量，创造出许多行之有效的登记方法。比如，图画登记法，画一个篮球就可以表示自己有一个篮球，并写上年月日。让孩子认识到这是自己的物品。

3. 帮助和指导孩子管理好自己的物品

家长应帮助和指导孩子定期清洁和整理自己的物品，进行分类摆放和取用。家长无论多忙，都要抽时间带领孩子定期做这件事。孩子年幼，家长若不帮助、不指导，则永远达不到培养孩子自我管理能力的目的。家长也不能包办代替，一定要耐心地帮助孩子树立自己的物权意识，管理好自己的物品。孩子一旦形成良好的习惯，就能独立地完成，家长也就可以放手了。

4. 帮孩子设立属于自己的小角落

家长可以为孩子设立属于孩子自己的小角落（可以是小卧室或小游戏室等），将孩子的柜子放在自己的小卧室里，摆放他自己的玩具、书籍等。孩子就是这个小卧室的主人，可以按自己的想法任意装扮、布置这个地方。

读懂孩子，才能成就孩子

5. 帮孩子改正乱摆乱放的不良习惯

家长要帮助孩子建立物品取放规定，并为孩子树立榜样，不可随意抛弃或挪动孩子已存放好的任何物品。有的家长不经过孩子的同意就丢掉或挪动孩子的东西，这常常会伤了孩子的心。因为有一些东西，家长认为不重要，在孩子眼里却是极其重要的，家长若随意丢弃摆放，很有可能挫伤孩子整理收藏物品的积极性。孩子一旦形成乱丢乱放物品的坏习惯，家长再去批评指责往往毫无成效，很难令其恢复如初，甚至有的孩子长大成人了，还改不了乱摆乱放物品的坏习惯。

此外，家长自己或者做客的小朋友要使用孩子的物品，一定要得到孩子的允许，并做到有借有还。此外，家长还要教导孩子把自己心爱的玩具或东西与同伴分享，让更多的朋友享用，让小伙伴分享自己的快乐。

四、我不喜欢跟同学玩——引导孩子走出孤独的不良境遇

父母疼爱孩子本来是很正常的一件事，但是很多父母

不懂得爱的边界，导致对孩子宠溺过度，最后让孩子变得自以为是、唯我独尊。还有一些孩子正处在发展阶段，由于遇到的事情越来越多，心事也越来越多，导致孩子把心封锁起来，越来越内向。时间长了，孩子就不知道如何跟小伙伴相处，也就放弃了和别人一起玩的想法，导致越来越孤独。

一位家长的困惑："周末晚饭后，我带儿子小林到小区附近的街心公园散步，恰好遇到了他的同学。我带着儿子走过去，发现几个孩子正在玩滑板车，他们的妈妈们则站在一边聊天。由于每天接送孩子，家长们都会遇到，我也跟她们较熟，便走过去打招呼，同时让儿子去找同学玩。可当我扭头看时，却发现我儿子居然站在原地一动不动，有个孩子过来找他玩，他也不说话。我跟几位妈妈闲聊了几句，然后找了个理由，带儿子离开。然后，我问他，为何不跟同学玩。得到的回答是，不喜欢跟同学玩。孩子性格孤僻懦弱，以后可怎么办呀？"

现在很多家长的工作越来越忙，没有办法很好地照顾孩子的心理。但家长对孩子的教育确实很重要。家长忙于工作，与孩子的沟通极少，却又对孩子溺爱至极，就有很

读懂孩子，才能成就孩子

大可能让他没办法与同学很好地相处，造成孩子性格孤僻。高控制型父母和溺爱型父母都会让孩子变得胆小怕事，容易产生社交障碍。

孤独，让孩子的心里也会受尽委屈，害怕、自卑，别人的不理解会让他的情绪随时随地都有可能爆发。也许，孩子在前一秒还风平浪静，下一秒就暴跳如雷，大喊大叫乱扔物品。父母问他为什么，他也不说，要么就是选择重复说几句话，整个人都处于歇斯底里的状态。孩子不愿和人接触，就无法很好地把控自己的情绪，整天活在自己的小世界里，孤独又自卑。

内心孤独的孩子会表现出感情淡漠，对父母的爱也不再有很大期待。在日常生活中，他们会回避跟别人的目光接触，害怕与人肢体接触，不愿与人接近。他们对与人相处缺乏理解，对自己的情绪很难控制，不能根据不同的社交场合调整自己的行为。内心孤独的孩子很自卑，不敢表现自己的想法和意见，向来都是父母说什么，他们就做什么，缺乏主见，没有做事的勇气。他们害怕别人说自己不好，对自己指指点点。

1. 孤独孩子的表现

（1）对一种玩具感兴趣。一些孤独的孩子很容易迷恋某种玩具，这就是所谓的兴趣狭隘。这类孩子对于某种东西特别依赖，如反复观看电视片和天气广告，爱听一首或几首特别的音乐，别的东西无法吸引他们的兴趣。一些孩子甚至会出现重复刻板的行为，如反复转圈、拨弄开关、来回奔走等。

（2）沉迷于网络。孤僻的孩子很容易对网络着迷，身陷网络世界，并不是单纯喜欢打游戏等，只是因为他们的内心过于孤独，没有人能理解自己，现实世界无法填充他们心里的孤独，所以他们只能在虚拟的世界里寻求安慰，找到自己的存在感。

（3）不合群。孩子内心孤独，在学校里不合群，没有朋友，无人问津，只能自己呆坐着；别的孩子很抗拒和他玩，他对与人交流产生了很大的恐惧感，继而变得越来越孤独，对身心健康造成十分不利的影响。

2. 引导孩子走出孤独

家长要正确引导孩子的发展方向，让孩子远离孤独寂寞。而想让孩子脱离自身的枷锁，身为父母，应该如何帮助他呢？

（1）理解并回应孩子的感受。家长若了解到孩子在学校处境孤独，和别人玩不来，没朋友之后，首先不要责备孩子不能融入集体，而是要询问孩子的想法，关注他的想法，认可他说的话。家长可以进行安慰，例如："你在学校没朋友啊，我知道，很理解你。"孩子的内心会放下警惕，减轻内心的难过，让孩子知道自己虽然在学校没有朋友的理解，但是在家里还有爱他的爸爸妈妈。

（2）克服孩子胆怯的心理。家长要帮助孩子壮胆，克服胆怯的心理。在日常生活中，作为孩子的"老师"，家长要多去鼓励自己的孩子，让孩子努力尝试去做一些"冒险"的事，但是要尊重孩子的意见，要循序渐进地让孩子去接受，慢慢地帮助孩子克服胆怯。

（3）多鼓励孩子。身为家长，不能总是贬低孩子，在平时要对孩子多表扬和鼓励。在公共场合，家长不能指责孩子，不要当着外人的面说孩子的缺点等，应该多夸奖孩子的优点。家长在孩子的朋友面前，不能让孩子下不来台，如果孩子在自己的朋友面前颜面尽失，那么他日后会更加拒绝主动与别人交往。

此外，家长也应该多鼓励孩子，鼓励他与同龄的小朋友多接触。家长可以在一旁辅助孩子打开话题，帮助孩子完成对话。家长可以让孩子在适应的条件下，练习与别人交流沟通，引导孩子不断提高自身的社交能力。

（4）提高孩子的语言表达能力。在人际交往过程中，孩子的语言表达能力是最重要的。要让孩子喜欢与人交流，就要提高孩子的语言表达能力，因为只有当孩子比较擅长语言表达的时候，他才能融入圈子，也才能与朋友更好地相处。

五、我到底应该怎么做——智慧的父母能给茫然无措的孩子以正向引导

当下，很多孩子变得愈来愈迷茫，不知道自己该做什么。随着孩子的年龄越来越大，所经历的事情越来越多，孩子对于一些事情也越来越拿不定主意，会变得手足无措，不知道自己到底该如何去做。此时，家长若不与孩子及时沟通，不理解孩子的疑惑，孩子遇事就会变得更加茫然无措。

一位家长的困惑："我儿子比较邋遢，在我印象中，他

读懂孩子，才能成就孩子

的卧室总是乱糟糟的，主动收拾的次数很少。我看不下去，只能督促他收拾。可是，看到他收拾不利索，我又会重新收拾一遍。结果，当他需要某个东西却找不到时，就会冲我发火。昨天，他跟我抱怨说：'让我收拾的是你，次次不满意的也是你，你到底要我怎么做啊？'我觉得自己是为他好，难道真的是我错了吗？"

孩子的判断能力减弱，对于一些事情，不知道如何去做，就会变得摇摆不定，手足无措，拿不定主意。此时，如果家长没有及时出面正确引导孩子的行为，孩子就可能会变得越来越没有主见。

1. 孩子不会判断的原因

（1）喜欢人云亦云。有些孩子从来不问"为什么、怎么做"，这样的孩子，无论别人跟他讲什么，他都会信以为真。时间长了，孩子在遇到自己不会做或解决不了的事情时，就会选择逃避。如果孩子有这样的表现，父母在与孩子相处的过程中可以多引导孩子多问"为什么"，时间久了，孩子就会变得越来越有主见，遇事不再逃避。

（2）遵照别人的意见行事。一些孩子总喜欢跟在别人后面，喜欢跟比自己大的孩子一起玩，这并没有什么不对。

但是，这会导致孩子在遇事做决定时没有主见，不会提出自己的想法和建议，什么事情都遵照别人的意见。这样的孩子长大之后就会没有主见，做事犹犹豫豫，即便自己心中觉得有什么不对的地方也不敢说出来。如果孩子有这样的表现，家长要鼓励孩子说出自己的想法，对家里的事情也要尊重孩子的决策，听取孩子的意见，让孩子知道该如何去做。

（3）缺少家长的肯定。不经常得到家人肯定的孩子做事情容易畏首畏尾，孩子在做任何事情的时候总是习惯于依赖别人，将来在做事的时候就会胆小，拿不定主意。

（4）父母的太多溺爱。有些父母对孩子无比溺爱，一味地包办——代替孩子做决定，对孩子的事过多地干预，结果导致孩子不会做决定，缺少做事经验。孩子如果碰到了自己需要拿主意的事情，往往就会表现得不知所措，只希望能从别人那里得到援助。

2. 如何让孩子有主见

古希腊诗人赫西俄德这样说过："做什么事情都自己动脑筋的人是最值得称道的人。"这告诉我们，为孩子引导正确的道路，让孩子做一个遇到事情能够独立思考、有主见的人，而不是凡事都依靠父母和别人，才是教养孩子的正确方式。

读懂孩子，才能成就孩子

（1）家长的正确引导。一些孩子在做事情时，表现出慌张，不知道该做什么，不该做什么。这时，身为家长，应该正确引导孩子，告诉孩子该怎么做。作为家长，也应该为孩子树立榜样，以身作则——做事不犹豫慌张，坚决果断。对于较困难的事，家长应该给予孩子必要的帮助，并且同孩子一起去做，教会孩子逐步克服慌张的一些方法和技巧。这样孩子在遇到事情时才敢于尝试，从而增强自信，做事果断。

（2）教孩子学会衡量选项。对于一个问题到底是选 A 还是选 B，孩子可能没有衡量的标准，家长可以对孩子进行指导：当鱼与熊掌不可兼得时，你必须分辨出哪件事情是你内心最想考虑的，哪个东西对你极其重要，深思熟虑后选定它，对那些不重要的选项，你可以抛掷脑后。另外，平时家长可以给孩子一些"二选一"的机会，以锻炼孩子的分析和比较能力，让孩子学会权衡利弊，做出正确的决定。

（3）让孩子明白事情该如何做。在孩子做事时，家长要告诉孩子明确具体的要求，尽量让孩子明白该如何做；家长若含糊其词、笼统大意，会使孩子无从下手，犹豫不决，拿不定主意。因此，家长可以让孩子多做一些智力游戏，以有意识地培养孩子的果断性。孩子遇到事情向家长请教该如何去做时，家长不要直接告诉孩子自己的判断，而是让孩子自己思考，并说出自己的想法。即使孩子的想法不完全正确，家长也可以借机将其完善，最后告诉孩子这个决定是他自己想出来的，以此来培养孩子自强、自立的勇气和信心。

（4）对孩子做出的决定给予鼓励。在孩子束手无策时，家长可以给孩子提意见，要鼓励孩子做决定、想办法。对于孩子做出的正确决定，家长要及时表扬。即使孩子的决策是错误的，家长也应该对孩子的胆识进行夸奖，因为孩子只要尝试了便意味着事情成功了一半。这样，孩子的自信心会得到很大程度的提高，会让他克服对失败的恐惧，无论什么样的结果都能接受。

（5）为孩子创造机会。家长应该给孩子提供自主决定的机会，让孩子有自我决策和自我选择的权利，让他有能力去决定做什么事。例如，在商场买衣服时，可以让孩子选择自己喜欢的样式和颜色。

第三章

关注孩子的小动作，找到隐藏在背后的大因果（3～12岁）

一、孩子总是咬指甲——手部小动作暴露孩子的内心

左女士最近发现自己8岁的儿子居然多了一项"技能"，就是咬手指甲。对儿子的这种行为，左女士不理解，只能向一位朋友请教。结果朋友表示，孩子经常咬手指甲，可能是缺乏维生素造成的，需要给孩子补充一些维生素。

左女士接受了朋友的建议，去医院找到医生，想开一些维生素给孩子吃。结果医生表示，孩子咬手指甲，大都不是因为缺乏维生素，然后给她做了详细解答。

虽然孩子在缺乏某种营养的时候可能激发咬手指甲的行为，但是大多数的孩子出现咬手指甲的行为，并非都是因为缺乏营养，还有内心的一些原因，如焦虑、紧张等。

咬指甲的行为，通常出现在3～6岁时，有些甚至会持续到12岁。正常情况下，这种行为会在孩子成长的过程中逐渐消失，只有极少数的孩子会持续到成年。家长需注意，一旦孩子出现咬指甲的行为，会同时出现睡眠焦虑、失眠等其他状况，若情况严重，要及时就医。

1. 孩子咬指甲，会带来哪些危害？

孩子经常咬指甲，会带来下面这些负面影响：

（1）孩子牙齿容易受到影响。大多数孩子咬指甲的行为，从他们出生后没多久就会出现，所以当孩子开始长牙的时候，无论是牙齿已经冒出了牙床，还是仍然居于牙床之内，坚硬的指甲都会对牙齿和牙床造成损伤。特别是孩子长期用牙齿啃食指甲的时候，很容易使牙齿受到较为强烈的磨损，从而使孩子的牙齿早早地就受到损害，甚至会出现牙根部变形的情况，导致孩子口腔轮廓出现变形，甚至会影响到孩子的样貌。

（2）孩子手指容易出现问题。孩子长期咬指甲，会使孩子的手指出现问题，例如孩子的指甲出现变形，而且会越长越短，甚至出现生长停滞的情况。有些孩子咬指甲的行为是从小到大的，甚至以将手指咬破为乐。这种行为会使手指出现较为严重的问题，甚至会使细菌顺着被咬破的皮肤进入体内，使孩子的身体健康出现问题。

（3）容易把蛔虫吃进肚子里。很多孩子有咬指甲的坏习惯，而且在咬指甲前，其手指就已经乱摸了很多不卫生的东西，因此会使一些虫卵附着在孩子的指缝里，如果孩子在这个时候去啃咬指甲的话，就很容易把这些虫卵吃到肚子里，从而使孩子出现蛔虫病等情况，这也是比较危险的。

2. 孩子为什么会有咬指甲的行为？

孩子出现咬指甲的原因有很多，家长一定要弄清楚孩子咬指甲的真正原因。

（1）孩子寻求安全感。很多孩子会出现咬指甲的行为，其实是因为孩子在出生后缺乏安全感，对所生存的环境感到不安和陌生，所以就会通过咬指甲等行为来寻求安全感。当孩子长到三四岁的时候，孩子就会因为缺乏安全感而咬指甲。这是因为他们想要寻求在婴孩时期的心理安慰，所以会表现出这种行为。

（2）孩子不懂得宣泄压力和缓解焦虑感。美国宾夕法尼亚大学心理学研究专家曾经对孩子的心理做过专项研究，结果发现当孩子遇到压力较大的场合或者事情的时候，往往会通过咬指甲等行为来缓解自己心中的焦虑感或紧张情绪。孩子在遇到一些会给他们带来压力的事情的时候，如重大考试前或者上台演出前，可能并不懂得如何宣泄自己的情绪来缓解内心的压力，而这种下意识咬指甲、眨眼睛等动作，能够恰到好处地舒缓他们内心深处的焦躁感和压

读懂孩子，才能成就孩子

力，时间久了就会成为一种癖好，甚至孩子的性格也会因此而变得越来越孤僻内向。

（3）孩子常常感到自卑。咬指甲的行为多出现在低龄阶段的孩子中，这是他们表达负面情绪的一种行为。在和别人说话的时候，有些孩子会不由自主地咬指甲、眨眼睛，可能还会躲避别人的目光，通常这样的孩子的内心都较为自卑，不敢正常和人沟通，只能通过一些小动作来转移注意力。

（4）孩子感到无聊。有的孩子之所以会出现咬指甲的行为，是因为孩子感到无聊，特别是出生没多久的孩子，他们在出生后，往往不知道该做些什么事，所以就会通过咬指甲来发泄自己无处宣泄的精力；或者在没有人陪伴玩耍时，他们也会通过这种最简便的方式来宣泄自己无聊的情绪。

3. 面对孩子咬指甲的行为，家长该如何做？

作为家长，如何帮助孩子改变咬指甲这种行为呢？

（1）及时和孩子沟通。家长与孩子之间的交流是必不可少的，家长还要学会尊重孩子的想法。当发现孩子开始咬手指的时候，家长可以听一听孩子内心的真实想法，并耐心与之沟通，让孩子有一个宣泄自己情绪的出口。

家长要学会和孩子讲道理，而非一味地责备。只有耐心处理好孩子的心理问题，才能避免他们出现消极的情绪，自然也就能够避免他们用咬手指这样的行为来舒缓自己的压力。

（2）教会孩子正确宣泄情绪。孩子出现焦虑不安可能有各方面的原因，在与孩子进行交流后，家长可以教会他们如何将这种不安的情绪发泄出来，教会他们承受压力、释放压力。例如，可以告诉他们出去郊游，放空大脑；或者进行一些锻炼，运动时分泌的多巴胺能够给人带来愉悦感。总之，家长要让孩子明白，家庭永远是他们温暖可靠的避风港，家人会永远支持他们，鼓励他们。

（3）避免给孩子带来压力。其实很多压力是家长无形中带给孩子的，甚至有些家长不会控制脾气，对孩子恶言相向，这样很容易让孩子紧张害怕，随之而来就是由自责引起自卑，最后就会产生一些怪异的小动作。还有一些家庭对孩子的学习要求过于严厉，如考不到95分以上就要被责骂，这类要求会使孩子的精神压力增大。因此，家长要避免成为施压的一方，而是要学会关照孩子，引导孩子，

读懂孩子，才能成就孩子

让他们能够健康成长。

（4）给孩子安全感，尝试多与之交流。爱咬指甲的孩子其实内心是很孤独的。例如，有时候他们很想和小朋友一起玩，但因为性格内向或者安全感不足，他们不知道怎样才能融入小伙伴的世界之中。这类孩子一旦在和小朋友的交往过程中受到挫折，就会变得更加内向，久而久之便会将自己封闭起来，转而用咬指甲来缓解心中的孤独。

遇到这种情况，教孩子学会一些沟通与交流的技巧是最好的方式。建议家长多告诉孩子一些人际交往的技巧，鼓励孩子主动和同伴交往，并在孩子遇到挫折时多鼓励孩子，给孩子提供足够的安全感。

（5）降低孩子的焦虑感，培养他的自信心。爱咬指甲，说明孩子可能正处于焦虑之中。其实每个人都会有畏难的情绪，但开朗乐观的孩子的自我效能感比较强，产生焦虑情绪的可能性就会比较低。相反，一些自信心较低的孩子的自我评价较低，遇到想做但又不敢做的事情时，就会显得特别焦虑，这个时候咬指甲的行为就会表现得特别明显。

总之，发现孩子有咬指甲的行为后，家长就要多关注孩子产生焦虑的原因，从根源上缓解孩子的压力，帮助孩子改掉这种不好的习惯。但家长要注意尽量避免使用强制性的方法，因为在家长的强迫下，孩子可能会短暂地戒掉咬指甲的习惯，但也会给孩子带来更大的压力和痛苦，进而孩子产生更多的后遗症。

二、当孩子与你四目相对时——孩子多半在认真听

当年轻的妈妈们一起"遛娃"时，聊得最多的就是自家的孩子了——

妈妈周女士：

我的儿子小可今年7岁，我只要换个姿势与他拥抱，儿子就会表现出不同的热情。我希望下班回家后，一进家门，儿子就能飞奔过来。可当我进门时，想让孩子过来抱，儿子每次都表现得不冷不热，只有心情好的时候，才会给我个面子，慢吞吞地过来抱我。

我见自己的满腔热情遇上个冷锅灶，很不甘心。为了让儿子乖乖听话，我阅读了很多育儿书，综合各方面知识，我认为自己应该尝试换个态度与孩子说话。

读懂孩子，才能成就孩子

第二天，我因加班回到家里已经9点了。我换好鞋子后，直接来到儿子的房间，然后蹲在门口，张开手臂，温柔地呼唤着："亲爱的宝贝，妈妈一天不见你了，想死妈妈了，快来让妈妈抱抱。"

这次，我感到很惊奇：我只不过是蹲了下来，说话比平时轻了点，儿子居然放下手中的漫画书，立刻走过来，让我紧紧地抱着。儿子还抬头盯着我的脸，说："妈妈，你怎么才回来，我好想你啊！"

孩子主动盯着父母说话，说明孩子乐意跟父母交流。

妈妈李女士：

我的身边有很多朋友，都惊叹我和孩子的相处方式，对孩子的懂事、暖心更是一顿夸，一直问我是怎么把孩子教得这么好的。其实，要说有什么诀窍，那就是说话时跟孩子四目相对，让孩子认真倾听。

每天睡觉前，孩子都会搂着我的脖子在我的耳边轻声说："妈妈，你是我最好的妈妈，我最爱你了！"

我也会积极地回应他："谢谢宝贝，妈妈也爱你哦！"

下班后推开门，孩子会远远地叫一声"妈妈"，在我答应之后，他连忙跑过来对我说："妈妈，你下班啦！欢迎你回家！"我便会蹲下来，和他紧紧拥抱，对他说："宝贝，谢谢你来迎接我，妈妈感觉好幸福哦！"

儿子不到4岁半，这些就是我与他的日常对话。

为人父母，都知道养育一个孩子的辛苦，虽然大部分父母不求孩子能回报自己什么，但是也都希望孩子能够听话、懂事、省心。无奈，孩子毕竟还小，需要一点点地去学习和成长，他们小小的身躯并没有能力做到和大人那样。这就导致了很多父母看不下去，会吼，会催，会抱怨。

很多父母在事后都知道自己做错了，但是由于想维持父母的权威，或者不善于表达，就没有跟孩子沟通。其实语言的力量是很强大的，它能成就一个孩子，也能毁掉一个孩子。

所以，有些话，一定要告诉孩子，不要深埋在心底，以免成为终身遗憾。

每个孩子，其实内心都渴望听到爸爸妈妈对自己说5句话，可惜的是，不少家长一句都没对孩子说过。

1. 对不起，这件事情不会再发生

有人说，父母一辈子都在等孩子说"谢谢"，而孩子一辈子都在等着父母的一句"对不起"。"对不起"虽然只

读懂孩子，才能成就孩子

有三个字，所传递的信息却重要又复杂，比如"你没有那么糟糕""我误解你了，甚至伤害到你了""爸爸妈妈错了"等。表达这些信息，有时候仅仅只需要一句真诚的"对不起"。

当家长的行为或者说话方式不小心误伤到孩子，让他们伤心时，家长不能以长辈自居，希图大事化小小事化了，更不能把给孩子台阶下的话当作对孩子的道歉，而是要进行弥补和修复。

2. 没关系，我理解你的心情

一味地指责和惩罚并不能让孩子更好地成长。当孩子犯错的时候或者表现得不那么好的时候，适度的包容和理解是非常必要的。

快吃饭的时候，爸爸把菜往饭桌上端，突然听到"啪"的一声，一盘菜摔在地上了，盘子摔得粉碎，菜也撒落一地，孩子在旁边手足无措。爸爸见状大发雷霆，劈头盖脸地骂孩子，让他滚开。奶奶赶紧过来安慰孩子："爸爸是怕你烫着了才发火的。"爷爷也说："爸爸骂你是为了你好，怕盘子摔碎了把你割伤了。"爸爸仍怒气不消地指责孩子："你怎么这么不懂事，憋回去，不许哭，再哭就出去站着！"

此时，孩子一句话也不说，哭得更凶了，以致呕吐起来。看到这个情景，妈妈把孩子拉到一边，只说了一句："没关系，妈妈知道你想帮忙，妈妈理解你的心情，妈妈懂你。"妈妈把孩子搂在怀里，孩子立即停止了哭泣。

妈妈的这句"没关系，我理解你的心情"，不仅能给孩子的不良情绪找到排泄出口，还能很快与孩子产生共情，走进孩子的内心。这句话就是孩子信心的来源与动力。

3. 你是我的骄傲，我为你感到自豪

有些家长总是习惯打压式教育，生怕孩子有点成绩就"翘尾巴"。殊不知，无法从父母这里获得正向鼓励，让多少孩子失去了动力和希望。父母本应该是世界上最爱孩子的人，父母都不认为孩子好，孩子怎么会变好呢？

多少孩子，终其一生努力，仅仅是为了得到父母的一个笑脸、一句认可与肯定；又有多少孩子本应很优秀，却毁于父母的错误认识和教育，从而丧失了努力的动力和希望。有些父母永远不懂，父母的鼓励和支持将带给孩子无穷的动力和希望，给他们不一样的艳阳天。所以，在任何时候，父母都不要吝啬对孩子说一句"你是我的骄傲，我为你感到自豪"。这种被充分认可能带来巨大的力量，即使

在最危难的关头，也能给孩子平添勇气，帮孩子化险为夷。

4. 我永远支持你

家永远是孩子最后的港湾，父母的支持对孩子来说非常重要，当他们迷茫、失败时，最渴望听到的往往就是父母的一句"我永远支持你"。

5. 我爱你

有多少孩子怀疑过父母不爱自己？这种怀疑会成为伴随他一生的阴影。作为家长，如果你爱孩子，要记住，爱是需要表达的，说出口的爱才更容易被感受到。

三、当孩子发脾气时——其实是在表达他的不满

每个孩子都会发脾气，尤其是随着年龄的逐渐增长，他们的感情更丰富、更外露，也更容易发脾气。那么，孩子发脾气对吗？家长该如何应对呢？多年的教育经验表明：孩子发脾气，很可能是在表达自己的不满。

周末，郭女士和好友带着各自的孩子一起去公园玩耍。孩子们在一起玩耍，她俩则在一边看护。

郭女士对好友说："你发现没，我儿子做事很慢，我跟他说了很多次，他也改不了。"

　　好友看看两个在一起玩耍的孩子，说道："没有呀！孩子的动作、反应一点儿都不慢。会不会是他只有和你一起时才慢呢？"

　　郭女士想了一会儿，说："他跟我在一起时好像更磨蹭。从早晨上学到晚上睡觉，我都要等他，慢腾腾地做这做那。每次我都急死了，一直让他快、快、快！他却笑嘻嘻的，依然很慢！"

　　好友沉默了片刻，问道："会不会就因为你总是给孩子发命令，孩子才故意这样做的？我在一本育儿书中看到一段话，大意是说：'孩子其实很怕受到父母训斥，可又不敢生气，因为他们担心会失去父母的爱与认可。为了不失去这种爱和认可，他们只能借着做其他事情来进行消极抵抗或表达不满，比如不配合父母的要求。家长用呵斥表达对孩子的愤怒，孩子就会用慢这种隐形攻击来表达对家长的不满。'"

　　回想一下成人世界，其实隐形攻击无处不在：当妻子跟丈夫有矛盾，憋着气说不出来，故意跟丈夫冷战赌气时，就是一种"隐形攻击"。可这样做不但不能解决问题，双方也会很难受和感到别扭，下次还是会因为同一个问题而争吵。

孩子更是如此。当他们感到愤怒、委屈、孤独，不被允许表达时，他们就只能用拖延、躲避、敷衍等"隐形攻击"的方式来发出求助："现在我很不舒服，但我不知道如何告诉你。"但很少有父母知道，那个每天都让你头疼的"熊孩子"，其实内心是有好多话想跟你说。

孩子每个负面行为的背后都有一个需要父母看到的正面动机。例如，晚上好不容易空闲下来，妈妈想自己看书、刷手机或干点活时，就恨不得孩子能赶紧睡着。这时往往就会发现：越希望孩子早点睡，他就越不睡，不是在床上翻来覆去，就是缠着大人读绘本。哄睡半小时，眼睛还瞪得像铜铃。

不要因为孩子脾气大，就觉得孩子变了，不像原来懂事了。这其实是孩子的一个成长阶段。父母不要总把自己的意见强加给孩子，让孩子遵从父母的生活规律，而应该随着孩子的年龄增长，随着孩子的做事行为规范的改变，改变自己对孩子的教育方式。

1. 孩子为什么爱发脾气？

（1）孩子希望父母能够依照自己的规律来生活。孩子喜欢发脾气，一般是希望父母能够依照他们的生活规律来要求他们，尊重他们。随着年龄的增长，孩子已经有了一定的生活经验，希望自己能够按照自己想象的节奏来生活。家长总是强迫孩子跟随自己的脚步前行，但孩子往往不适应家长的节奏，孩子其实是希望父母能够依照他们的生活规律来做事。

（2）孩子是为了表达不满，表达对抗的心。有些孩子发脾气是因为受不了父母对自己的严格教育，受不了父母的生活方式和管教方式，正是因为孩子有了自己的独特个性，以及自己的生活规律和生活节奏，才会通过发脾气和父母对抗。

2. 孩子情绪不稳定，父母该如何做？

（1）不以爱的名义去禁锢孩子。当孩子发脾气的时候，不要总对孩子说是为他好，要他理解你的苦衷。如果父母总是说这样的话，那么孩子不但理解不了父母的苦心，反而会认为父母是在绑架自己的情感和行为。

（2）用一个拥抱来释放孩子的情绪。有时候孩子沉浸在自己的情绪中久久出不来，这时父母就应该给孩子一个大大的拥抱，没有什么事情是一个拥抱解决不了的。有时

读懂孩子，才能成就孩子

候来自父母肢体上的关怀和抚摸，能够让孩子的内心得到极大的释放。

（3）适当运用冷处理来对待孩子。有的孩子确实是大人越哄越"来劲"，这时父母就应该适当地使用冷处理来对待孩子，让孩子能够安静地待在自己的世界里，寻找自己想要表达的情绪，等孩子安静以后再去和他沟通。

（4）借用绘本，给孩子讲道理。频繁给孩子讲知识，孩子是理解不了的，也体会不到父母的用意。有的父母认为自己讲的故事难免流于浅显，可以陪孩子看一些绘本知识，让孩子通过绘本里的知识懂得其中的道理，这样孩子才能真正懂得一些道理，明白一些事情。

四、当孩子一句话也不说时——可能是在用沉默表示抗拒和排斥

如果总是需要孩子说"是"，就说明父母内心的安全感、稳定感有很大一部分是希望从孩子的态度里获得的，这样的父母缺乏沟通能力。

实际上，家庭中的争吵总是双方都不认输才会发生，

只要有一方认输，争吵就不会继续下去了。例如下棋，两个人下得越精彩越投入，双方厮杀就越激烈；如果一方退出，那么下棋就结束了。

家庭中也是如此，必须要有一方沉默才能结束矛盾冲突。孩子并不处于权威的地位，所以建议孩子沉默。

沉默就是一个态度，如"我不想玩这个游戏了，今天的争论到此结束"。父母也应该懂这个道理：孩子不想讨论了，只是愿意听，听完就完了，这时就要学会把嘴巴闭上，不再讲话。

如果父母认为孩子的沉默是对抗，就恼羞成怒，那是父母的问题。父母需要马上得到结果，代表了一种不太成熟的心理，如他们自认为特别权威，不应该被冒犯。

当孩子用"墙"把自己完全围起来，抗拒跟外界交流的时候，父母该如何打破这道墙呢？孩子不愿意开口说话，是因为孩子在学校和社交场合里感到不安全，但是该怎么做，父母却毫无头绪，所以解决这个问题非常重要。下面我们从临床心理学的角度来给父母做一个分享。

1. 压力消除

一个孩子曾经跟我说过这样一段话："每个人都会有紧

　　　　　　　　读懂孩子，才能成就孩子

张的时候，等你准备好了再说吧。在心情不好的时候，如果爸爸能给我一个拥抱，让我知道他在关心我的话，我就会觉得很好，很温暖。但好长一段时间，爸爸都没有抱过我了。"

很多处在缄默状态的孩子，90%以上容易对环境敏感，也有一定程度的社交恐惧，很多时候，能够消除孩子压力的最大的地基就是父母对孩子始终如一的关怀与爱护。因此父母应该告诉孩子，自己是理解孩子的。当孩子紧张的时候，父母要跟他说："没关系，每个人都会有紧张的时候，等你准备好了再说。"

只有当我们内心真的确信这一点，我们说这句话才有力量。我们愿意相信，父母对孩子的关怀和爱护是没有条件、始终如一的，无论孩子表现得是好是坏、做的事情是否合理、结果是否成功，我们对孩子的爱都不会改变，并且不存在偏见。只有持续地让孩子感受到这样的环境，孩子才能真正地对父母建立信任感和责任感。

2. 语言认同

"听起来你当时也有点害怕，你当时也很难受吧。"这并不是一句空话，而是大多数经历过缄默状态的孩子必然会感受到的处境。孩子发现自己处在焦虑的情况时，会很难开口说话，他处于自己想说话却说不出口的那种状态，就是"我很想说话，但是我的喉咙打不开"。当孩子跟你描述"我不喜欢在学校里说话""我就只想在家里说""我嘴巴疼，说不出口"，请不要怀疑，孩子说的是真话。

在跟孩子相处的过程中，我感触很深的一点就是：我们常说的要理解孩子，这个理解是真心愿意放下自己的假设和预测，哪怕这件事情不在我们的想象范围内，但是我们愿意陪伴孩子，愿意在黑暗中跟孩子一起往前看，哪怕前方漆黑一团，我们也可以用认同和理解打开孩子内心的一道光。

3. 行为调试

"让我们一起想一想，我们想说些什么呢？"我们很容易陷入一个误区，即认为孩子的很多行为是因为不配合家长造成的，实际上这就是我们错误地把表面当本质来看了。对孩子来说，具备一种能力，需要一个长途跋涉的学习过程，他需要克服很多困难，吸取经验才能够真正地掌握。

鼓励孩子说话，并不仅仅只是"鼓励"就可以实现的，而是要从语言治疗的角度出发，让孩子了解自己能说什么，有什么方向可以去说，这样才能达到目的，让孩子放下焦

读懂孩子，才能成就孩子

虑，开口说话。

不管是角色扮演、5W1H（what、where、when、who、why 和 how）法则，还是肢体语言，都会形成一种正向的氛围，让孩子更加自信、勇敢，能够把自己内心的想法分享出来。

很多时候，孩子不说，并不代表孩子不想说，也不意味着孩子没有能力去说，孩子就真的只是"说不出口"。他可能都没有办法解释自己为什么说不出口，但恰恰是这些反常的解释，才让我们一年又一年不停地去更新我们对孩子心理症状的分析。

五、当孩子说"你真烦"时——他的忍耐力 多半已达极限

想想看，在你们家有没有出现过类似场景。

场景 1：孩子想学游泳，爸爸却说："学什么游泳，男孩就要打篮球。"孩子不愿意，便说："我不喜欢篮球，那么晒！"爸爸说："你看，你就是怕吃苦。"

场景 2：孩子和妈妈分享快乐："妈妈，我跟你说，我语文这次考了第一名。"妈妈用一句话堵过去："考了第一，

你很骄傲是吧？也不看看数学才考几分！"

场景 3：孩子感冒，求安慰："妈妈，我的头有点儿不舒服。"妈妈的唠叨便开了闸："叫你多穿衣服，你就是不听！现在尝到后果了吧？看你以后还敢不听我的话……"

为什么你一说话孩子就嫌烦？因为，孩子满怀信任向你说出自己的选择，希望你给予支持，你却一味地否定；因为，孩子满心欢喜地和你分享快乐，期待你的肯定，你却在指责他过于骄傲；因为，孩子满腹委屈地找你诉苦，渴求你的安慰，你却开启了无休止的说教……每一次都是鸡同鸭讲，每一句都是怪你没商量。

为什么你一说话孩子就嫌烦？心理学上有个概念叫"无关回应"，是指得到的回应与自己的期望无法接轨。久而久之，这种方式就会将孩子从父母身边推开，让他们不再愿意和父母交流。

很多时候，孩子与父母交流，是渴望获得精神上的认同。但可悲的是，父母往往只关心自己的想法，看不见孩子的内心，一次次不自知地从孩子的心灵"路过"，留给孩子的，只能先是失望，后是绝望。

　　　　　　　　　读懂孩子，才能成就孩子

1. 孩子为什么不愿意与父母沟通？

（1）父母习惯站在自己的立场考虑问题，容易产生偏见。例如，很多男孩喜欢玩电脑游戏，一些父母视游戏如洪水猛兽，经常与孩子发生争执，甚至有家长气急败坏地把电脑砸了。父母认为玩游戏会毁了孩子，影响孩子的学习成绩，但孩子认为玩游戏是自己的合理需求。双方无法达成一致意见，无法沟通，时间长了，孩子就把与父母沟通的大门关闭，只会跟与自己"高度一致"的同龄人沟通，不肯包容和接纳更多的人。在孩子成长的过程中，父母习惯用不变的眼光看待变化中的孩子。当孩子与自己的观点和要求不一致时，父母对孩子不够包容，这样父母也会变得焦虑。久而久之，亲子之间便在学业选择、消费理念、人际交往等方面矛盾重重。一个全新的孩子与父母过去的认知发生了冲突，而父母在应对这样的变化时，常常带着抵触情绪。他们经常感到困惑：为什么小时候听话的孩子长大后就变了？他们为什么会这么想？这一代孩子的想法太奇怪了，无法理解。

（2）父母习惯把亲子沟通变成单方面说教。在很多父母眼中，孩子始终长不大，他们会用自己的立场和人生经验来代替孩子考虑问题。父母会把孩子的求助变成单方面说教。每当听到孩子的困扰，父母的第一反应不是冷静地听完并给予建议，而是质问和责备。这会让孩子对父母的能力产生本能的不信任，认为自己的观点无法被理解。另外，父母不能结合当前的实际情况与未来的发展趋势分析问题，父母的说教得不到孩子的认同。与父母沟通的失败会在孩子的心里留下阴影，觉得"自己的事情，只能自己解决"，连爸妈都无法理解，从而感觉迷茫与无助。一旦孩子需要寻求别人的帮助时，懵懂中可能会上当受骗，其结局有可能自困很长时间，更坏的结果是走弯路或者受到伤害。

2. 父母如何改善与孩子之间的沟通？

（1）尝试改变沟通的方式。父母要相信孩子，现在的孩子视野开阔，头脑灵活，他们对新鲜事物更包容与开放。这是亲子对话的前提，家长不要有思维定式，总认为孩子没有自己有经验。父母发现孩子与自己的观点不一致时，可以先问问孩子是怎么想的，为什么会有这样的想法，分析一下孩子想法的利弊。父母也可以把自己的观点以及原因、利弊进行陈述，采用询问而不是质问的语气，

读懂孩子，才能成就孩子

青春期的孩子对父母说话的语气非常敏感。父母不要让孩子感受到排斥和非议，而应体会到沟通、商议的诚意。亲子沟通需要营造一种民主平和的氛围。

（2）在养育孩子的过程中，需要"第三种声音"。现实中一些父母经常感叹"自己的孩子需要别人教"，这个别人就是"第三种声音"。随着孩子的成长，他们需要在家庭之外的空间发展和证明自己，这时候父母不一定是对他们最有帮助的人，父母需要借助外力，给孩子更多的实际指导。

了解孩子的兴趣点，发现孩子的爱好和特长（3～14岁）

一、理解孩子的兴趣，才能更好地激发孩子的创造力

我们可能经常能听到一些家长吐槽：

"我家孩子说喜欢画画，我就给他报了兴趣班，结果他刚上了两节课，就没兴趣了。"

"我家的宝贝也是。她说喜欢跳舞，我就给她报了舞蹈班。结果，这期课还没上完，她就不想跳了，说跳舞很累。这几天她正跟我闹，说想要退班了。"

"我家孩子天天就爱疯玩，没有定性，坐不住，也不知道他到底喜欢什么。"

......

俗话说，兴趣是孩子最好的老师，好的教育自然就是以孩子的兴趣为出发点。

兴趣可以让孩子的智力得到最大限度的发展。人都是这样，往往在做自己感兴趣的事情时，即使身体乏累，也会将很大的精力投入进去，他们的内心是快乐的。如果父母要求孩子放弃他们感兴趣的事情，做一些使他们提不起精神的事情，那么孩子就容易与父母产生冲突，很难取得

理想成绩。

所谓兴趣，就是能够吸引孩子注意力的事物，能够让孩子集中精力进行探索，从而让孩子的能力得到更全面的发展。家长要让孩子去做他们感兴趣的事情，他们才更能够集中精力，从中获得成长。

因此，对于孩子的教育，家长要明白最重要的是尊重孩子的天性，也就是了解、支持孩子的内在兴趣，让孩子能够按照自己内心真实的想法做出选择，让他们能够自由成长。

1. 引导孩子发现兴趣

兴趣不是天赋，是通过后天生活实践影响的，接触的事物越多，越能发现孩子的兴趣所在。首先，要和孩子多进行沟通，问他喜欢做什么，孩子也许很直接地告诉你，比如他喜欢唱歌、喜欢跳舞等。其实，孩子认识世界的方式有很多，比如阅读、旅游和各种体育、娱乐活动等，家长应丰富他们的经历，同时观察他们对什么更感兴趣，有什么能做得好的，然后根据他们的兴趣来培养他们的才艺。

除了和孩子沟通，家长平时也要多观察孩子。有些孩子听到音乐就会手舞足蹈，这说明他对音乐和舞蹈感兴趣，可以考虑让他学习唱歌、跳舞、弹钢琴等；如果孩子总是对自然界的动植物提问，那么家长不妨购买相关的书本，与孩子一起探索，之后带孩子去动物园、植物园等，将书本知识和实物相结合，可以更好地培养他的兴趣。

如果你有幸发现了孩子的兴趣点，那么恭喜你；如果没有，也不用担心，因为很多人是在偶然的情况下才发现自己的天赋所在的。如果家里条件允许，家长可以从日常生活中入手开始培训，如买一架钢琴等，让孩子慢慢地练习起来。

2. 激发调动孩子的兴趣

孩子有了兴趣爱好是好事，但要让孩子一直坚持下去，却是一件十分困难的事情。同样，因为孩子的年龄小，感兴趣的东西自然也多，而孩子把注意力集中起来可能只是一段时间或者一个周期内的事，等过了这个阶段，孩子的兴趣可能就变成了负担，孩子也会因此想要放弃。这时候家长要真正介入。

家长要让孩子从各种兴趣中找出自己不想继续下去的理由和仍然想继续的理由，将二者进行对比，让孩子发现自己到底需要的是什么，不需要的是什么。让孩子学会取

　　　　　　　　　读懂孩子，才能成就孩子

舍，学会发现什么才是自己真正感兴趣的东西。这样建立起来的兴趣才能让孩子长期坚持下去，并最终有所收获。

有个小姑娘每周都会学跳舞、画画、钢琴和围棋，可谓多方面发展，一开始都兴致昂扬，但随着时间的推移，原来的激情没有了，她开始觉得枯燥无味，整天吵着不要弹钢琴，不要学围棋。在与孩子进行了深入交流后，妈妈果断放弃围棋，转而在钢琴上花更多精力去激发与培养孩子的兴趣。

妈妈除了经常带着孩子出入音乐会、看各种歌舞剧和各种表演，还给孩子提供了充分展示的机会，比如在自己公司的年会上让孩子上台伴奏，赢得掌声，享受到了成功的喜悦，这让孩子对学习钢琴的兴趣更加浓厚，开始备考演奏级。

可见，父母有技巧地深度激发培养孩子的兴趣，适度增加孩子的兴奋点，增强孩子学习的动力，能让他们的兴趣更持久，帮助他们长期坚持下去，并最终有所收获。

3. 持久发展孩子的兴趣

下面是一则新闻：

李凡，是一个六年级的学生，获得"马良杯"全国少儿书画大赛小学组毛笔一等奖。她是从 6 岁开始练习书法的，她说："刚开始我对书法不是很了解，但看到书法老师的字写得很漂亮，就想学一下，谁知写着写着就喜欢上了。"因为喜欢，所以刻苦，她每天都会坚持不懈地练字，还会临摹大师的作品。结果，她的字也越练越好，她表示："当得到越来越多的同学和老师的夸奖后，我就有了一种成就感，也有了继续练下去的动力。"

兴趣助其投入，投入助其成就，成就化作动力：这便成了一个良性循环，让孩子不断突破。当然，作为家长，也不要完全指望孩子可以自觉，即便有兴趣，可能也会在以后枯燥的学习中慢慢消磨掉。这时适当的"逼迫"是必不可少的，记住，有时候优秀是被"逼"出来的。要想让一种兴趣持续下去，想在兴趣上有所突破，坚持和刻苦的练习是必不可少的，父母适度的"逼迫"就是催化剂。

4. 鼓励与支持孩子的兴趣

小女孩童欣正在上初一，她很喜欢烘焙烹饪，一到周末就在家里自己摸索着做蛋糕，做好了，便开心地拿来给妈妈吃。她还会做沙拉，给妈妈当午餐，摆盘还特别好看。

对女儿的做法，妈妈很是感动，但同时也担心这会影响孩子的学习，毕竟她刚上初一，并不是培养厨艺的最好时机。班级里的其他孩子都在外忙着补习，自己难道给女儿报个烘焙课吗？

妈妈心里焦灼，但看到女儿对烘焙激情满满、对学习却兴致寥寥时，就果断给女儿报了烘焙班。因为她知道，自己的孩子也许不是读书的料，但掌握一门技艺未尝不是一件好事，将来她能自食其力。

女儿很高兴，做厨艺的积极性更高了，每天都在欢声笑语中度过，甚至还会做些小饼干、小蛋糕带给同学和老师吃。

妈妈渐渐发现，自从学习了烘焙与烹饪，女儿变得更加开朗活泼，与同学和老师的关系也更亲密了。

家长肆意抹杀孩子的兴趣，其实是愚蠢而残忍的。

很多大人一辈子可能无法发现自己的兴趣所在，如果你有幸发现了你家孩子的兴趣，那么一定要给予支持和鼓励。现代人的生活多样且丰富多彩，人的兴趣和个性也得到了充分的发挥。因此，对孩子的兴趣和爱好，父母要给予尊重，即使孩子的兴趣爱好和父母的期望有差距，只要是正常的爱好，就要尊重孩子。孩子只有在做自己喜欢的事情时，他的想象力和创造力才会得到充分的发挥，他的专注、认真、坚持不懈等意志品质才能得到训练，这对孩子的成长十分有利。

5. 尊重孩子的兴趣转移

人是会随着成长环境的改变而不断变化的，成年人是这样，孩子亦是如此。而对于孩子来说，年纪尚幼，做一件事情的专注程度也没有成年人稳定。所以，有些时候孩子最初会对一些事情产生兴趣，不久又失去兴趣，之后又对其他事情感兴趣。

对于孩子来说，这种兴趣转移是很正常的现象，父母不要责备孩子，而要引导孩子正确对待自己喜欢的事情。

6. 正确引导孩子的兴趣

当孩子有了自己的兴趣爱好时，家长不能任由孩子自己发展，可以让孩子多接触这方面的知识，让孩子的兴趣得到提升。例如，孩子喜欢画画，家长可以多了解孩子所画的每一幅作品的含义，多支持孩子创作，多带孩子去体验不同风格的绘画课程和活动，让孩子找到自己喜欢的一类风格，从而对其深度培养。

读懂孩子，才能成就孩子

7. 支持孩子学习兴趣的决心

培养孩子的兴趣爱好并不是一件容易的事情，不仅需要家长的鼓励和支持，也需要孩子对此有坚定的决心。

当孩子在学习过程中遇到困难想要放弃的时候，父母不要轻易指责批评孩子，而要多肯定孩子的学习成果，并鼓励孩子，成为孩子坚强的后盾。

二、孩子说，我喜欢唱歌——聊天，是了解孩子兴趣喜好的最佳途径

为什么人会有想跟别人聊天的欲望？因为聊天可以使快乐加倍，让痛苦减半。

女孩刚上一年级。每晚睡觉前，她总会跟妈妈王女士说："妈妈，我睡不着，咱们聊会儿天吧。"王女士的态度大多是拒绝的：有时候，王女士本来很烦，没心情听她讲；有时候怕耽误她睡眠，早上上学起不来……只有在心情好的时候，王女士才会听女儿聊几句。

女孩似乎总有说不完的话：今天学会唱什么歌曲了，自己有多开心；今天自己又喜欢上了一首新歌，但还没有

学会，明天再坚持学。

有时候，王女士也会惊讶于女儿的表达能力，让她照着书本讲故事。她虽然不会，但聊天的能力倒是一流，说得头头是道，以至于她说了多次"睡吧"，女孩依然意犹未尽。

通过这样的聊天，王女士知道了女儿喜欢什么、厌恶什么，知道她在学校过得开不开心、交了什么朋友等。

在日常生活中，家长和孩子聊天的时候，可以具体的话题或者具体的场景作为切入点，发现孩子的兴趣点，并通过聊天了解孩子的兴趣。

很多家长有这样的顾虑，自己总是和孩子说话，以后孩子会不会变成一个啰唆的人啊？要不就是：孩子这么小，他们根本就不适合聊天，还是不要和孩子说太多话了。但事实告诉我们：父母经常和孩子聊天，既能丰富孩子的知识，又能提升他的语言能力。

1. 陪孩子闲聊更能让孩子掌握语言能力

某大学的研究人员经过长时间的跟踪研究发现，就算是没有任何有趣话题的闲聊，也能多于阅读带给孩子的好处。有些孩子在与大人闲聊的过程中所接触到的知识和语言能力甚至远远超过了自己阅读所获得的知识和语言能力，

读懂孩子，才能成就孩子

可见闲聊对孩子的语言能力的提升是多么重要。当然，我们建议家长聊一些有趣的、对孩子有益的话题。

2. 家长的语言是孩子学习的榜样

很多家长有这样的疑惑：既然闲聊这么有用，那还给孩子看什么书啊，天天跟孩子聊天不就行了吗？当然不行，因为毕竟家长的知识储备是有限的，在跟孩子聊多了之后，就不知道要聊些什么了，此时便需要多吸取书中的知识和营养，不然会无话题可聊。家长要多学习，多看书，这样才能成为孩子的聊天"对手"，也才能成为孩子学习的好榜样，如果你每天聊的都是吃饭、睡觉之类的话题，孩子很快就会失去聊天兴趣，你也会觉得自己是一个失败的家长。

3. 和孩子聊天的具体内容

和孩子聊天，只要是健康的内容都可以，如天气、电视、电影、个人的兴趣爱好等。当然，如果你能聊点天文、地理、历史、医学和文学等，孩子更会被你所吸引，更愿意和你聊天。重要的是，孩子也会想办法让自己的知识丰富起来，以便和你对聊，无形之中孩子就掌握了很多的新知识，学到了不少聊天的技能。久而久之，孩子的智力和语言能力就能得到很大程度的提高。

4. 和孩子聊天的时间和地点

虽然育儿专家没有说明和孩子聊天是否需要有固定的时间，但家长最好是每天都能和孩子聊一会儿，这对孩子的语言发育能力很有帮助。对于聊天的地点，也不用固定，你可以在做家务时和孩子聊天，也可以在睡前和孩子聊天，或是在晒太阳的时候和孩子聊一会儿。总之，只要你觉得合适，大人孩子又都有时间的话，随时随地都可以闲聊。

三、孩子喜欢蹦蹦跳跳——观察孩子的生活，发现孩子的优点

孩子在面对自己感兴趣的事物时就会集中注意力，变得特别专注；而对于自己不感兴趣的事物，他们通常不会做出什么成绩。

心蕊是一个三年级小学生，平时学习成绩不错，只有作文不太好。为了帮她提高作文水平，父母有时也会辅导她，可都不见效。

心蕊很喜欢小动物，如小狗、小猫、小兔子，只要是与动物有关的书她都感兴趣。在心蕊的一再恳求下，妈妈

读懂孩子，才能成就孩子

便买了一只小狗。她特别喜欢，总跟同学炫耀："我家的小狗非常可爱，身子雪白雪白的，脸上嵌着黑眼珠，小鼻子黑黑的，还有两只三角形的耳朵……"

爸爸发现心蕊喜欢小动物，便买了许多与动物有关的故事书给心蕊阅读，如果时间允许，还会陪她一起看，引导她讲有趣的动物故事。

一段时间过后，老师给学生布置了一篇描写动物的作文，心蕊的作文竟然破天荒得了全班第一，受到老师的夸奖。

心蕊高兴地将这个好消息告诉爸爸，爸爸欣慰地笑了。爸爸又给心蕊买了几本小学生作文故事书，并引导她多阅读。渐渐地，心蕊的作文水平有了很大进步。

通过上面的故事我们可以看出，如果心蕊对小动物不感兴趣，那么她就不会积极主动地阅读与小动物相关的故事，更写不出与小动物相关的作文。

心理学家研究发现，"兴趣"是孩子的一种个性倾向，也是孩子心理现象中一个重要的有机组成部分，并且"兴趣心理"与其他心理现象之间也是相互制约、密切联系的，所以"兴趣"对孩子的其他心理现象有很大的影响。

例如，孩子对写作文很感兴趣，那么他的这种兴趣就是在长期与文字或写作相关活动的过程中不断形成和发展起来的。孩子一看到关于作文类的资料，就会表现出一副爱不释手的表情，而这种心理活动就是孩子对这件事物有兴趣的反应。

德国心理学家赫尔巴特认为，从学习来说，兴趣可以成为学习的原因，它既是孩子学习的原因，又是学习的结果，还能促进孩子知识的长期积累，为进一步的学习提供动机。因为它可以激发个体的最大能量，从而让个体在某一领域取得突出成绩。

因此，兴趣可以产生学习的动力，而学习又可以产生新的兴趣，兴趣是一个人迈向成功大门的钥匙。所以，孩子能否取得成功，关键在于他的"兴趣"能否被发现，被家长所注意到，并且是否能够被引导和发展。

没有兴趣的人生是悲哀的，教育孩子的时候，给生命注入玩耍和快乐的体验，可以进一步帮助孩子将兴趣发展成能力，孩子才可以掌控生活和学习，并取得成就。

下面我们就来总结一下使用哪些方法可以发现孩子的兴趣。

读懂孩子，才能成就孩子

1. 提升观察力，观察孩子玩什么的时候最专注

兴趣是一种情绪，而情绪是人类进化出来的一种生存工具。人的这种情绪能够随着人的进化一起保留下来，一定有其原因。例如孩子在画鱼的时候很专注，我们就可以知道孩子的兴趣是画画，然后对其加以引导。

"感兴趣"可以变成多种多样的形式，如果孩子喜欢鱼，就引导孩子了解和鱼相关的知识，如鱼的大小、种类和生活环境等，然后孩子自然会对大海、哺乳类动物、气候等相关领域感兴趣。

但是家长不要带着功利性的眼光去看待孩子的兴趣，不要去想孩子对这个感兴趣有没有用，一旦家长有这种想法，孩子的兴趣迟早会被家长的功利心抹杀，也就更谈不上孩子会有什么好奇心、想象力和创造力了。

2. 了解孩子敏感期的时间段，提前做好准备

在某一个时间段孩子会高度专注于某一个事物，直到满足他们内在的需求，他们才会把注意力转向另外一个敏感点。比如，4岁是孩子图像知觉的最佳时期，所以4岁前家长就要让孩子大量地涉猎故事书与科普书，这样在孩子阅读黄金敏感期的时候，孩子就可以享受阅读带来的快乐，而不仅仅是入门。

3. 当孩子对一件事情不断提问的时候，抓住机会予以引导

例如孩子爱看恐龙方面的书，你给他读了一本恐龙的绘本，孩子会问你："为什么现在恐龙灭绝了？"你会怎么说？通常你会通过查阅资料告诉他："因为火山爆发或彗星相撞。"但是为了培养孩子的兴趣，你可以提问："是啊，为什么会灭绝呢？"这样就会激发孩子的好奇心，促使他主动去书中寻求答案。

读书是为了什么？是为了提出"更多的问题""更好的问题"，这样的习惯从小就要让孩子养成。小学前读书活动还不能称作讨论，可以说是"聊天"，大部分是确认孩子能否理解书中的内容。聊天时可以让孩子和你一起尽情地联想，可以人物和事件为中心。

"××性格是什么样的？他发生了什么事情？"

"××如果做了其他的行为，会导致什么样的后果？"

当孩子有兴趣的时候，我们要向前一步，帮助孩子把兴趣发展成能力。

读懂孩子，才能成就孩子

四、孩子不想去兴趣班了——爱，是让孩子驻足的一大理由

孩子快 5 岁时，经过慎重考虑和多地探访，妈妈给他报了跆拳道班。小家伙一开始很喜欢，可是，上了两个月后，开始不耐烦了。一天晚上，他终于说："妈妈，我今天不想去上课！""为什么啊？""我不喜欢练跆拳道！"

对于孩子的这种反应，妈妈早有预料，于是安慰了他两句，然后坚定地告诉他："今天必须得上！既然报了名，就要坚持下去，妈妈会陪着你的。"

"不去，我就不去！"他继续闹，然后感叹了一句："大人真幸福，想做什么就做什么，孩子真不幸福，什么都要听大人的！"妈妈听他这样说，就说："那好吧，不去就不去了吧。"

在没有孩子之前，某些父母会告诉自己：我要成为孩子的朋友，凡事跟他商量，绝不逼他做任何他不想做的事。待有了孩子之后，他们的确也是这么做的，孩子想做什么他们支持，孩子不想做了，他们也不鼓励和引导，而是任由孩子随着自己的性子来。

不知道从什么时候开始，中国的父母越来越"尊重"孩子，常常喊着给孩子"爱和自由"的口号，要求与孩子"平等对话"，然而很多时候却是矫枉过正、过犹不及，如此，很多父母口中的"尊重"变成了无条件的"遵从"。

于是，当孩子对舞蹈、音乐、美术等感兴趣的时候，家长马上就给孩子报了名，然而孩子学了一段时间后不喜欢了，又遵从孩子的决定，想着只要孩子快乐就好。

"不要逼孩子学他不想学的东西，孩子快乐就好"，这句话听上去是对孩子的尊重，实际上却是对孩子的放任，是父母的不负责任。

孩子的学习，自然要以尊重其兴趣为前提，但是大部分由兴趣引发的事情，经过一段时期之后，必然会遇到瓶颈，这时候兴趣可能就变成了折磨。只要坚持下去，折磨过了，兴趣变成了特长，接下来就是享受。这种变成特长之后享受到的乐趣又会驱动孩子继续深入学习，由此进入良性循环。

然而，以孩子的天性来看，早期处在一个探索阶段，对很多新鲜事物都很容易感兴趣，但要想仅靠兴趣和内驱力让孩子长期对某事物感兴趣并坚持下来，基本上不可

　　　　　　　　　读懂孩子，才能成就孩子

能。任何学习必然要经历一段枯燥乏味的阶段，这时候家长不去"逼"孩子，放任孩子"不想学就不学"，那么孩子的学习就会永远停留在浅尝辄止的阶段，永远体会不到深层次学习的乐趣，只能形成恶性循环。

1. 了解孩子不想去做的原因

为什么很多孩子当初对某件事情很有热情，但后面又不想做下去了呢？很多孩子可能从电视上或者在看演出的时候看到别人在舞台上唱歌就觉得真好听，听到别人弹琴就觉得弹得真好，于是，热情上来了就要学这些。可到了真去学了，孩子对一开始的基本功和重复的活动，就会觉得枯燥乏味。所以，坚持不下去也是很正常的。

孩子不想坚持的原因有很多，概括起来主要有两个：一是孩子觉得这件事情并没有想象中那么容易，坚持下去有点吃力；二是在尝试之后，孩子发现这个并不像他想象中那样好，于是就不想学了。

这个时候，有些家长认为，孩子中途放弃是三分钟热度、半途而废的表现，应该纠正过来；还有一些父母可能会很生气，因为去学也是孩子当初自己选择的，然后家长又投入了资金，结果孩子说不学就不学了，这让家长难以接受。

出现这样的情况，家长其实不用着急，因为这个时候孩子并不知道自己想要做什么，孩子的选择具有很大的盲目性，所以家长要给孩子多一些时间和机会，让他探索出自己到底想要做什么。家长可以让孩子多一些尝试，同时帮助孩子搞清楚他到底想要的是什么。

我们都想和喜欢的人、喜欢的事、喜欢的环境共处，会尽量规避讨厌的事情，孩子当然也不例外。家长可以尝试从改变孩子的态度开始，一步一步来，让孩子从不愿意做，到开始尝试，到最后愿意主动去转变。

2. 不要给孩子贴标签

孩子天生好奇，对新鲜事物的探索欲望可谓与生俱来。但他们的兴趣太广，变化太快，几乎是"见一样爱一样，爱一样又扔一样"。这种不稳定性是符合孩子心理发展规律的，也和蒙特梭利的敏感期理论相对应。因此这时候家长强逼孩子对兴趣"从一而终"是比较困难的。

心理学家安杰拉·达克沃思在 TED[technology（技术）、entertainment（娱乐）、design（设计）] 大会上演讲时指出：兴趣不是通过反思发现的，而是通过和外部世界

读懂孩子，才能成就孩子

的互动引发的。孩子喜欢做一件事情很有可能是因为内心的爱，但放弃一件事情则不一定因为不喜欢，这与家长的引导有很大的关系。也许孩子在学习过程中遇到了困难，也许是缺乏满足感和成就感，也有可能是孩子发现了更感兴趣的事物。其中的具体原因，需要家长细心观察，耐心和孩子沟通才能发现。家长不要一看到孩子不能坚持自己的兴趣，就给他们贴上"三心二意""半途而废"的标签，这些消极评价会让孩子愈发失去坚持的动力和信念。

五、孩子取得了成绩——跟他一起收获喜悦和快乐

和孩子一起分享喜怒哀乐，有利于父母和孩子之间的亲子关系建设，让孩子感到父母是关心和爱护他们的，从而信任父母。在家庭教育中，父母的信任使子女感到和父母是处于平等地位的，从而对父母更加尊重、敬爱和亲近，并乐于向父母吐露心声。这不仅增进了父母对子女的了解，更能使父母对子女的教育有的放矢。

放学回家的车上，浩轩手舞足蹈地向妈妈描述自己在幼

儿园玩游戏时的场景。浩轩说得带劲，妈妈却一句也没听进去，还说："就知道玩，今天上课学了什么？你举手了吗？"

浩轩马上不说话了，低着头不理妈妈。回到家，浩轩开始搭积木，好不容易搭了一个大城堡，他高兴地向妈妈报告成果，妈妈却又说："快看书去，整天玩没出息。"就这样，浩轩高兴的情绪又被妈妈破坏了。

吃饭时，爸爸说了一件有趣的事，浩轩听着很高兴，正要插嘴，妈妈又说："孩子吃饭时别说话，赶紧把碗里的饭菜都吃掉。"浩轩的心情又变差了。

快乐是一种积极的情绪。快乐的孩子天真活泼、朝气蓬勃，对生活充满热情。心情愉悦、笑脸迎人的孩子，通常更容易获得成人和同伴的欢迎。相反，一个易生气动怒、爱哭泣的孩子，往往会让同伴敬而远之，被孤立。

首先，情绪影响孩子的认知。当情绪处在积极状态时，孩子快乐向上，乐于学习，思维灵活，想象大胆丰富并有创造性。其次，情绪影响孩子的身心健康。一个快乐的孩子往往胃口好，体质好，而心境不好的孩子往往面黄肌瘦，发育迟滞。最后，情绪影响孩子体格的发展。稳定、持久、愉快的情绪特征使孩子形成稳定、乐观、活泼的人格特征；

读懂孩子，才能成就孩子

反之，则容易使孩子形成多疑、孤僻、易怒等不良人格。

1. 满足孩子的基本需要

需要的满足与否是通过人的情绪表现出来的。当需要被满足时，人的情绪比较稳定与愉快，反之情绪比较消极。人的需要主要分为进食、睡眠等生理需要和劳动、交往、求知、成就等社会需要。对孩子来说，除了生理需要，还有爱、玩、交往等社会性需要。

（1）爱的需要。家长要毫不吝啬地表达对孩子的爱。例如，睡觉前给孩子一个亲吻、一个抚摸，使孩子时刻感受到父母的爱。对幼小年龄的孩子来说，拥抱和抚摸能够让孩子感受到爱和满足。

（2）玩的需要。让孩子有充分的时间去玩，而不是让学习占据孩子大量的时间，不要总指责孩子，干涉孩子玩，把孩子的时间排得满满的，这会导致孩子的情绪不佳。

（3）交往的需要。无论在幼儿园还是在家，家长都要鼓励孩子与同伴多交流和交往。此外，如果家长对孩子不加理睬，孩子会觉得非常沮丧，有挫败感。

2. 和谐的家庭氛围

互敬互爱、温馨和谐的家庭氛围有利于保护孩子的良好情绪，以及帮助孩子建立安全感，让孩子对生活充满信心。而家庭冲突则会对孩子造成心理创伤，让孩子产生焦虑不安、自卑、恐惧等不良情绪，久而久之影响孩子的心理健康。

3. 合理的生活规律

丰富的生活内容、合理的生活规律会让孩子情绪稳定，使孩子感到快乐和满足。因此，家长应尽量让孩子的生活轻松、有趣和多样，让孩子在规律、平和的生活中感受到幸福。

4. 放弃完美主义

不要奢望孩子十全十美，孩子是在错误中成长的，孩子的天真与活力是与众不同的，家长要时刻关注孩子的进步，宽容孩子的缺点。

5. 适当的满足

当需要得不到满足时，孩子会产生不同程度的消极情绪，甚至有过激情绪反应，家长要让孩子有机会体验愿望得不到满足时的感受，面对孩子提出的要求，家长要有选择地满足。对于4岁以上的孩子，家长可以采取延迟满足的方式，让孩子通过等待或努力后得到满足，引导孩子适度节制欲望，慢慢学会对自己的情绪和行为进行调节。

　　　　　　　　　　读懂孩子，才能成就孩子

六、孩子不想学了——找到孩子放弃的原因

虽然我们都知道学习的重要性，但现实中很多孩子都有过放弃学习的想法。也许，很多家长会觉得危言耸听，认为自家孩子根本就没出现过这种迹象。但实际上，有多少家长真正了解自己的孩子呢？

孩子1：放学回来，儿子将书包往沙发上一放，对坐在茶几对面的妈妈说："妈妈，我不想上学了。"妈妈心里一惊，但又感到不可思议，因为儿子每天都按时上下学，虽然成绩一般，但学习态度良好，便问："你刚六年级，就不想上了，发生了什么事情？"儿子说："我就是不想上学了……"

孩子2：在放学回家的路上，女儿怯怯地问妈妈："妈妈，人们为什么要上学？如果不上学，该有多好！"妈妈呵呵一笑："你还这么小，不上学做什么？"女儿叹了口气："妈妈，其实上学挺累的，我都有些不上了。"

孩子3：儿子上学走了，妈妈开始收拾屋子。她帮儿子整理书本的时候，发现地上有个纸团，拿起来一看，上面居然写着："谁发明的上学？真难！不想上学！"妈妈认

真看了看，确实是儿子的笔迹，不禁纳闷：这小子，发的什么疯！

上学，本来是一件有助于孩子成长的好事，为何成了孩子想要远离的东西？

学校里有同学，孩子上学可以跟同学玩；学校里有老师，孩子上学可以跟他们学知识……教育圣地——学校，为何竟成了很多孩子想急切逃离之地？

客观地讲，孩子厌学固然有老师或学校的原因，但作为家长，我们更应该从孩子身上找找原因。

孩子在某个阶段开始对学习表现出热情减退或者不想学习的状态，其中的原因有很多，家长只有搞清楚，才能帮助孩子一起走出学习的困境。

1. 在学习上充满挫败感

这一类孩子的学习成绩可能长期处于中下游，或者因为升学等问题进入了学习的瓶颈阶段。因为孩子对学习丧失了自信心，难以在学习上获得成就感，所以变得不爱学习了。这类孩子基本上可以分为以下两种情况。

（1）"不是我不想学，而是付出没有回报。"这类学生学习比较勤奋努力，甚至认为自己在班级或者年级中是属于最努力的那批人，但成绩却不是班级或者年级中最好的学生。这种付出了辛苦却得不到相应成绩与回报的情况，会让孩子心里感到十分失落，会让他们质疑自己的付出是不是值得，怀疑自己在学习上的天赋，会寻找各种方法缓解内心的落差感，例如：如果我不这么努力学习，当别人质疑我学习为什么不好时，我是不是就可以说是因为自己没努力，而不是因为自己比较"笨"。

（2）"不是我不想学，而是我不会学。"同样的老师上课，有的同学听完课就知道重点在哪里，课后作业一做就对；而有些同学听完课后却搞不清楚重点，对老师布置的作业也有很多地方不会做或者需要花费更长的时间才能做完。这类孩子往往会觉得自己不是学习的"料"，所以不想学，其实这类孩子只是缺乏适合自己的学习方法以及良好的学习习惯。

2. 在学习上缺乏动力

有些孩子只有在家长与老师的监督下才会好好学习，一旦家长与老师不盯着了，其学习成绩立马就会下降。老师和家长对这些孩子的评价就是：学习不自觉，不爱学习。其实这类孩子不爱学习的主要原因有以下两点。

（1）没有认识到学习的重要性。当你对这类孩子说"学习很重要"的时候，他们往往会举出一大堆例子来反驳你：我同学的妈妈高中毕业，现在开了一个超市，比你这个本科生挣得都多；比尔·盖茨还不是大学没毕业，照样当老板。但这样的事情毕竟是个例，就像是有人中彩票头等奖，同样幸运的事情不一定会降临在你身上。况且，在这些人的背后，付出了多少努力也不是外人能够想象的。好好学习不一定是成功的必经之路，却是最容易走的路。

（2）知道学习的重要性，却无法克服惰性。这部分学生对学习的重要性了然于胸，嘴上信誓旦旦要好好学习，但是一遇到小伙伴约自己一起去玩，或者面对游戏、电视等诱惑，瞬间就会把学习抛诸脑后。毕竟对于大多数孩子而言，学习是一件强制性的事情，而摆脱学习天然就带着对抗性的快乐。

3. 家长的焦虑让孩子压力太大

在 2019 年播出的《我家那闺女》节目中，焦俊艳认为，把痛苦说给父母听，会得到双倍的痛苦。而父母却认为，把痛苦告诉父母，就有人与你一起分担，那你就只剩一半的痛苦了。

读懂孩子，才能成就孩子

这种想法上的差异其实在学习这件事情上也是一样的。父母觉得自己对孩子的学习越关注,孩子在学习上遇到的问题就会越少;但是从孩子的角度来看,父母越关注自己的学习,自己的压力就越大。

(1)家长的焦虑让孩子选择对抗。对于低年级的孩子,家长往往会选择陪孩子一起写作业,发现孩子做错题目或者字迹不工整就会让孩子立马改正。网上流传着当爹当妈各种"渐进式崩溃"陪写作业的视频,但这实际上也是孩子渐进式崩溃的过程。随着孩子年级的升高,当家长无力再继续辅导孩子的时候,这种对孩子学习的焦虑就会转化为各种唠叨与叮嘱。但是这种来自父母的"每日温馨提示",对于孩子来说可谓毫无新意而且多余。在这种过度的关注下,孩子的逆反情绪也会与日俱增,选择不听父母的话,或者把父母的话当作耳边风。

(2)家长的焦虑让孩子选择放弃。家长对于孩子都是"望子成龙、望女成凤"。但是要承认,在同一个班级,学习成绩总有高低之分。家长对于孩子学习成绩的过高期望会带给孩子巨大的精神压力。尤其是当孩子努力之后,依然无法达到父母的要求时,不少孩子就会选择放弃继续努力。

4. 在校园中人际交往出现问题

这类学生往往内心比较敏感，比较感性，非常在意周围人对自己的评价。他们因为与学校周围人出现人际交往上的困境，所以选择逃避，甚至会讨厌一切和学校相关的人与事，自然也会讨厌学习。

（1）遇到不喜欢的老师。由于升学、换学校等各种原因，学生需要面对新老师时，往往需要很长的时间去接纳和认同新老师，还会不自觉地把新老师与之前的任课老师进行对比。这类学生往往会因为喜欢一位老师，而好好学习一门科目；如果遇到一位自己不喜欢的老师，可能就会连这位老师的课程也不想听。

（2）与同学之间发生矛盾。例如受到同学的排挤，或者与关系好的同学发生矛盾。不要认为这是孩子在闹小别扭，实际上如果家长在工作中与同事相处不融洽也很难做好工作，何况是孩子。当孩子心情不好时，学习自然会受到影响。尤其是当孩子在学校受到同学的排挤、嘲笑时，更容易让孩子萌发出"再也不想去上学"的想法。

读懂孩子，才能成就孩子

第
五
章

找到孩子的需求点，给他最大的心理满足（3～14岁）

一、了解孩子的需求，方可更好地协助孩子成长

网络上曾经出现过这样一则消息，读罢让人很心痛：

某地，一位初三学生因为在课堂上没认真学习而被老师请来了家长。家长来到学校了解到情况后，当众在楼道里抽了孩子几个耳光。家长极力向老师保证，一定会好好引导孩子，让孩子提高成绩。等家长离开学校后，孩子在楼道里默默地站了几分钟，之后从窗口纵身一跳……

这样的消息虽然是个例，甚至有些极端，但毕竟真实地发生在我们身边。

看到这个消息的时候，我觉得很痛心，毕竟对于家长来说，养育一个孩子不是一件容易的事情。

如果家长能够给孩子留面子，能够了解到孩子的真正需求，这件事是绝对不会发生的。下面我们就来试着了解一下孩子的真正需求，避免发生不愉快的事情，让孩子健康快乐地成长。

美国心理学家亚伯拉罕·马斯洛在 1943 年提出了"马斯洛需求层次理论"。马斯洛将人类需求像阶梯一样从低到

　　　　　　　　　　读懂孩子，才能成就孩子

高按层次分为五种，分别是生理需求、安全需求、社交需求、尊重需求和自我实现需求。

马斯洛需求层次理论深刻地解释了人这种生物体，从基本生存到个体发展，从物质到精神的全部需求。所谓需求，就是满足发展的动力，如果需求得不到满足，处于匮乏状态，那么就会影响一个人的生理和心智的发展水平。这里，我们运用马斯洛需求层次理论，探讨在家庭中，父母应该如何给孩子的发展注入营养。

1. 生理需求

生理需求是人类维持自身生存的最基本要求，如食物、水、空气、健康等。如果这些需求中的任何一项得不到满足，人类个人的生理机能就无法正常运转。换言之，人类的生命就会因此受到威胁。从这个意义上说，生理需求是推动人们行动最首要的动力。

很多家长追着孩子喂饭，表面上看是孩子不爱吃饭、挑食，但实际上是因为父母在孩子身上投射了自己的需求，过度地按照自己的理解去照顾孩子，形成了孩子对食物的阻抗。换言之，家长看似在照顾孩子，但其实是在满足自己的需求。

生理需求是一个人的本能要求，如果家长过分拘泥于营养、时间等外部限制，而不以孩子为主体进行喂养，就会使孩子变得挑食、厌食，影响孩子身体发育。

2. 安全需求

安全需求同样属于低级别的需求，其中包括对人身安全、生活稳定以及免遭痛苦、威胁或疾病等的需求。马斯洛认为，整个有机体是一个追求安全的机制。我们常说的安全感就属于这个层级的需求。

心理学可以作为一门育儿学。很多心理学家的研究证实：一个人的安全感取决于早年和父母（尤其是和母亲）之间依恋关系的质量。精神分析认为，一个人的基本人格形成于6岁之前，在这个阶段，父母能否以恰当、充满爱意的方式对待婴儿，决定了婴儿安全感的构建。

在孩子的秩序敏感期，他们会对周围的环境秩序有一种固执的确认——不允许有任何的变化发生，这些都是在为孩子构建基础的安全感。如果家长不能理解孩子的行为，而按照成人的标准定义孩子的行为是"不听话""偏执""顽固"等，并对孩子的行为进行纠正，就会极大地破坏孩子安全感的构建。

安全感的满足是为孩子探索世界的自我发展奠定的基础。

3. 社交需求

社交需求属于较高层次的需求，如情感、归属、被接纳、友谊等。

人是社会性动物，在满足了基本的生存和安全需求之后，就需要发展社会功能，获得情感层面的满足。在家庭中，父母是否给予了孩子归属感、孩子是否能感觉到被父母无条件地接纳、父母能否给到孩子充分的情感链接等都决定了父母构建的家庭环境是否能满足孩子这个层次的需求。

在生活中，很多父母都说自己非常爱孩子，但是很少有人能够意识到爱不是意愿或者初心，而是一种能力。就像现在很多科学的育儿理念都提倡给孩子"无条件的爱"，但事实是：如果父母自身的人格不够完整，心智不够成熟，是不可能给到孩子无条件的爱的。这时给孩子"无条件的爱"的说法只能是一种美好的愿景。

对孩子的发展来说，情感抚育的意义远远超出人们的认知，情感抚育的质量为孩子提供了心理品质，如专注、抗挫折能力、毅力等的基础。离开心理健康单纯地讲意志品质是没有意义的，这些意志品质必须建立在一个相对健全的人格的基础之上，而人格的形成在很大程度上来自父母的抚养方式。

4. 尊重需求

人人都希望自己有稳定的社会地位，要求个人的能力和成就得到社会的承认。

一个人的自尊水平取决于对自我价值的评价，而一个人对自我价值最初的判断则取决于父母的态度。尊重，说起来简单，但真正做到很难。父母若想真正做到尊重孩子，应该具备以下几点。

（1）明确边界。事实上，亲子关系的问题大多来自父母对孩子精神领域的"入侵"，不管是对孩子包办替代还是对孩子施加控制，都是在入侵孩子的精神边界。父母需要经常自省：什么是自己的事，什么是孩子的事。例如，孩子早晨起来上学，是孩子的事情，父母因为孩子磨蹭，感觉孩子要迟到而心生愤怒的情绪，是自己的事情——谁有情绪谁负责。和孩子提前商定好，在起床时间叫孩子起床一次，是父母的责任；而孩子如果起不来，迟到了，就是

读懂孩子，才能成就孩子

孩子自己的事情。

（2）明确角色。生活中，有太多的家长忘记了自己的本来职责——父母，而去充当"老师"或者"保姆"的角色。孩子一回到家，父母就着急追问孩子："作业写完没有？"晚上吃完饭，父母就马上坐在书桌前，辅导孩子写作业，甚至为孩子准备错题本、金句集等。父母既不是老师，也不是老师的助手，父母给孩子提供的是一个补充心理能量的场所，是给予孩子爱、支持和最多、最充分的理解的人，而不是一个时刻保持监督、检查姿态的"学习检察官"。父母过多地进入孩子的空间，对孩子的学习比孩子还要焦虑、紧张，自然孩子就很难从心里意识到学习本来是他自己的事情。所以，父母要回到自己原本的角色当中，"扮演"好自己的角色。

（3）明确位置。有一幅漫画，画面上有一辆小汽车，父母在后面使劲推着，小汽车缓慢前行。可以试想一下，如果孩子是这辆小汽车，想让它飞速前进，是打开发动机跑得快，还是父母在后面推着跑得快呢？答案不言而喻。教育学家林文采曾经说过："如果养孩子养到披头散发、焦头烂额，那一定是养孩子的方法不对，教养好的孩子，父母都是轻松的。"

5. 自我实现需求

自我实现需求是最高层次的需求，是指实现个人理想、抱负，发挥个人能力到最大限度。

现在大部分家长对于养育孩子的困扰和注意力主要集中于孩子的学习问题上。就学习这件事来说，是调动了孩子的内驱力之后的行为，还是应付家长、老师的行为，不同的结果有天壤之别。在孩子的学习过程中，目标是学习的动力，而实现目标的过程则有赖于孩子良好的心理品质。因此，从某种意义上来说，一个人内心力量的强弱取决于其是否有能力排除干扰实现自己的目标——这一点，放在学习上也同样适用。

当家长关注孩子错了几道题、考了多少分的时候，其注意力都太过表面。事实上，行为以及行为的结果是孩子内在心智成熟度的外在表现，换言之，成绩只不过是反映一个孩子心理质量的外显指标。之所以说家庭环境对一个人有塑形作用，就是因为父母的养育方式能够一点一滴地影响孩子的心理发育，就像种子是放在花盆里发育，还是生长在肥沃的大地上，是在盐碱地成长，还是在黑土地成

读懂孩子，才能成就孩子

长，方式不同则结果自然不同。

马斯洛的需求层次理论从某种意义上也给了父母一份育儿指南，它能够帮助父母更好地理解孩子成长过程中所需要的营养，但归根结底，这些营养的提供还是要依赖父母自身的成长，父母自身的人格越健全，越能为孩子提供更丰富的心理营养。

二、孩子无缘无故地捣乱——将注意力转向孩子，给他更多的关注

最近，李女士发现 5 岁的儿子总是喜欢捣乱。有一次她带儿子逛商场，准备给孩子买双运动鞋。当孩子正在试鞋的时候，李女士碰巧遇见了好久不见的朋友，于是李女士和朋友两个人就聊了起来。她们太久没见面了，有好多好多话说。朋友还夸李女士的儿子说："你儿子都长这么大了，真是个帅气的小朋友！"李女士听后笑了笑说："他在家里整天调皮捣蛋的，他爸爸经常不在家，我都快烦死了，一点都不乖。只有他爸爸回来才能管得住他！来，儿子快过来，跟阿姨打声招呼。"

儿子原本站在离李女士不远的地方，听到她和阿姨的对话，就是不愿意过去打招呼。他回到试鞋的位置，把鞋脱下来，光着脚到处跑，还时不时地把店里的衣服取下来在自己身上比画，然后随意丢在地上。

李女士听见商店服务员大声呵斥儿子，才停止了和朋友谈话。她了解情况后走到孩子面前将他训了一顿，而儿子则一直埋着头不说话。

很多父母发现，孩子能说会走之后，越来越调皮。面对这样的孩子，很多家长会感到头疼，有时候甚至会责骂孩子。但你有没有想过，孩子出现这样的情况，其实是在寻求关注呢？其实，孩子调皮的主要原因是：孩子平时得到父母的关注太少——父母常常因忙于工作以及家庭事务，而忽略了对孩子的关注和陪伴，让孩子觉得父母不在乎自己了。为了可以让父母多些时间陪伴自己，或想要得到父母更多的关心，有些孩子就会故意捣乱。

父母可以用直接的感受，判断孩子是否在寻求关注：孩子这种行为，通常会使父母感到心烦、恼怒、着急、愧疚等。而当父母替孩子解决了问题后，他们通常会消停一会儿，但是很快又故态复萌，或者换一种方式变着法儿来

　　　　　　　　　读懂孩子，才能成就孩子

烦父母。

归属感对于每个人来说都是非常需要的，简单来说就是一个人希望能够融入集体中，并且从集体中获得温暖和帮助，或者通过集体来消除自己的孤独。可以说，这是每个人在婴儿时期就会产生的一种心理需求。

每个人在婴儿时期就会通过各种不同的方法来确认自己是家庭中的一员，希望自己能够获得父母的接纳和关注。如果一个孩子在家庭生活中能够获得父母的接纳和关注，那么就能够让他们的归属感得到满足。但是很多父母因为工作的关系对于孩子的关注并不够，在归属感没有得到满足的情况下孩子就会通过调皮捣蛋的方法来吸引父母的关注。

1. 孩子缺乏归属感，会出现哪些负面影响？

（1）自我否定，调皮捣蛋。有一则"父母爽约家长会，男孩持刀坐27楼欲轻生"的新闻引起了不少网友的关注，很多人对此感到特别不理解，不知道孩子为何会做出如此极端的举动。其实造成这种情况的根本原因就是父母爽约家长会让孩子觉得自己不被重视，最终产生了自我否定。生活中很多孩子也是因此变得调皮捣蛋，爱折腾父母，只有在这种心理的刺激下孩子才会做出这样极端的举动。

（2）患得患失。每个孩子对于自己的父母都会非常依赖，这种依赖一直到他们能够独立生存之后才会逐渐减弱。孩子在非常依赖父母的时候对于父母的看法是非常重视的。如果父母不能经常关注他们，让他们获得足够的归属感，那么这些孩子就会患得患失，甚至会通过各种不同的方法来试探自己的父母，给家庭生活增添一些不必要的麻烦。

（3）缺乏安全感。如果父母对孩子不够重视导致孩子的归属感无法得到满足，那么孩子的内心就会变得非常恐慌，不确定自己是否足够安全。在这种心理的影响下有一些孩子就会变得自私自利，而他们养成这种性格的主要原因只是为了让自己更加安全。但是，这样的性格对于他们未来人生的成长是非常不利的，也很容易导致他们无法受到其他人的欢迎。

2. 给孩子足够的归属感

孩子缺乏归属感造成的影响非常大，父母在生活中不要再忽视孩子了，要给他们足够的重视，让他们的归属感得到满足。那么父母该如何给孩子足够的归属感呢？

读懂孩子，才能成就孩子

（1）经常陪伴。父母的陪伴是孩子在成长过程中非常重要的一个环节，在父母的陪伴之下孩子更容易感受到父母的疼爱和关心，那么他们的归属感自然就更加容易得到满足。同时，在父母经常陪伴孩子的情况下也能让双方更好地交流，这对于提升亲子关系也有很大的帮助。

（2）给孩子反馈。有一些孩子在和父母相处的时候总是说个不停，这让很多父母感到特别厌烦，所以干脆就不理他们了。父母的这种做法并不正确，因为这会让孩子的内心感到非常失落，不利于孩子更好地融入家庭生活中。

（3）安排特别的时光。当孩子捣乱的时候，父母可以隔一段时间就安排一段特别的时光来陪伴孩子。比如，和孩子去旅游，和孩子出去吃饭等。通过这段特别的时光，让孩子感受到他是被父母所爱的，所珍视的。这对于孩子来说非常重要。

（4）转移孩子的注意力。让孩子参与到具体的事情中来，转移孩子的注意力。例如，当你正在接听一个非常重要的电话时，孩子非要缠着你玩，或者要你陪他。你可以跟孩子说："孩子，现在妈妈给你一个特别的任务，妈妈有一个重要的电话要回复，你可以帮我把门关上，不让别人来打扰我吗？或者，你帮妈妈计时，10分钟之后提醒妈妈，好吗？"父母通过让孩子参与到具体的事情中来，可以让孩子获得价值感。

三、孩子晚上想跟妈妈睡——陪伴孩子，给他需要的安全感

安全感是温暖孩子一生的定海神针，无论外面的风浪有多大，只要孩子有了足够的安全感，他都能应对自如。

曾经看过一个短片：

几个月的孩子大哭不止，无论是帅气的叔叔、慈祥的奶奶、怀孕的阿姨，还是可爱的姐姐，选择什么样的方式抚慰都无济于事，孩子依然大哭不止。直到出现了一位陌生的叔叔，孩子听着那怦怦的心跳声，竟然微笑着触摸叔叔的脸。这时屏幕上出现了一行字：妈妈的心脏，在数月前移植给了他。

看完短片，很多人恍然大悟，然后泪流不止。

孩子出生后，离开妈妈的子宫，需要通过跟妈妈的肌肤接触，在需要妈妈的时候得到及时的回应，从而重新

读懂孩子，才能成就孩子

获得一种熟悉感和安全感。而这种生命最初的安全感只能从妈妈的身上获取。

妈妈在孩子生命之初给他的安全感、爱和信任感可以说是旁人无法替代的。心理学家李雪说，向内的爱灌注满了才会向外流出，才会建立对这个世界的信任。

"安全感"作为心理学的一个概念，最早见于弗洛伊德的精神分析理论；而最早对安全感进行明确界定的是美国人本主义心理学家马斯洛。马斯洛认为，安全感可能出现在对人的身体和心理的危险和风险的预感上。

安全感是一种感觉，一种心理，一种从恐惧和焦虑中脱离出来的信心、安全、自由的感觉。而孩子的安全感，是随着他的成长、发育以及个性的发展逐渐形成的，它不仅反映在孩子的内心，也显现在孩子同家人的关系上。它就像是一种信念，只要你信任爸爸妈妈的亲情，信任亲人的爱，包括信任你自己，你便有了安全感。

父母的这些行为把"我是安全的，是被爱着的"的信念深深根植在孩子的心中，温暖孩子的一生。

1. 缺乏安全感的孩子的表现

（1）胆子小，依赖父母。内心缺乏安全感的孩子，在社交中害怕被拒绝，也害怕被人用言语或肢体伤害，会因其自身的"无力感"而需要依赖他人。一般情况下，这类孩子不敢与其他小朋友一起玩，常常容易陷入封闭的自我保护状态。而最常见的表现就是胆小、黏人、怕生、独立性差、缺乏自信。

（2）焦虑、专注力下降。缺乏安全感的人需要较强的"确定感"，表现为需要对安全状态反复确认，通过频繁地确认抵御不安全感，当不能实时或及时确认时会因担忧、不安而焦虑。在日常生活中，当孩子不断做出小动作，如抠手指、走路说话、下意识咬指甲、咬嘴皮，若不考虑生理上的因素，这些动作很可能是孩子缺乏安全感的表现，因为这些行为在一定程度上能缓解人的焦虑情绪。

（3）内心脆弱，遇事容易退缩。缺乏安全感的孩子，因为没有被充分爱过、接纳过的体验，所以容易患得患失，害怕自己犯错了、失败了会被父母嫌弃，担心自己不被爱了，于是在困难和挑战面前容易退缩、放弃，抗挫折能力差。

2. 家长如何培养孩子的安全感

有充足安全感的孩子对自己的生活拥有确定感和可控感，他没有太多辛苦的情绪损耗，能集中能量去探索世界。

读懂孩子，才能成就孩子

而安全感不足的孩子，人际关系的品质以及生活的幸福感都会受到极大的影响。可见，安全感是影响人心理健康的重要因素。那么如何养出内心有安全感的孩子呢？

（1）营造温馨的家庭氛围。都说幸福的人用童年治愈一生。孩子年幼时，父母提供的家庭氛围、给孩子的心理关注是孩子生命的底色，影响着孩子安全感和归属感的构建。想给孩子一个安全和舒适的成长环境，父母就要学会控制自己的情绪，彼此关爱，共同经营家庭，做好孩子永远的大后方。

（2）对孩子充满责任心和爱心。教育学上认为，孩子终将成为父母口中描述的样子。倘若父母经常批评指责孩子，孩子不能知耻而后勇，只会真的相信"我很差"。父母只有多夸奖孩子，孩子才会一点点进步，成为父母期待的样子。被爱浇灌长大的孩子才能无惧风雨，向阳而生。

（3）高质量的陪伴。对于孩子而言，最苦的从来不是生活上的艰难，也不是物质上的欠缺，而是一个人独自长大，哭了没人疼，笑了没人陪，每一次成长，父母都不在。所以，无论多忙，也要给孩子多一点用心的陪伴，多一点关注和回应。

四、孩子拿着画好的小鸟让你看——多些表扬，因为孩子希望被肯定

得到正确肯定的孩子往往会充满自信心，父母应常以口头表扬或肢体语言（如鼓掌、摸头、拍肩、亲吻等）鼓励孩子，让孩子心里产生荣誉感、责任心，从而更加努力向上。

激励孩子的努力，莫过于给其一个适时而强有力的肯定。

5岁的小菲在某段时间突然喜欢上了画画。一个周末的中午，她兴致勃勃地拿着自己刚完成的一幅"作品"，跑到厨房给正在做饭的妈妈看："妈妈，你看我画的小鸟。"她语气中充满了热烈的企盼和一些掩饰不住的骄傲，想要得到妈妈的赞美与肯定。

妈妈停下手里的活儿，仔细地看看女儿的画，然后意味深长地说："画得真好，尤其是小鸟的翅膀很漂亮。这里还有云彩呢，宝贝真棒！"

小菲听后拿着自己的作品，一蹦一跳地回到了房间，脸上挂着开心的笑容。

读懂孩子，才能成就孩子

每个大人虽然都很忙碌，但一分钟的时间总会有吧。给孩子几句鼓励和肯定的赞美也用不了多长时间，但是带给孩子的幸福感却很多。因为从父母的肯定里，孩子也肯定了自己，有了自信，对所做的事情会产生更多的兴趣。

如果上述案例中妈妈的态度不是这样，而是另一种呢？

妈妈看都不看一眼小菲的画，只是忙着洗菜，并推开她："自己去玩，别打扰我做饭，出去！"

小菲听后眼眶里马上含满泪水，失望地回到了自己的房间。

无疑，后面这种对待孩子的做法有些欠考虑，因为妈妈不耐烦的态度和指责的语气无疑否定了孩子的劳动成果，打击了孩子的自信心和对画画的热情，让孩子在以后的日子里不会再把画拿给妈妈看了，也许她的心里已经有了阴影，甚至和妈妈之间的感情也会受到不好的影响。

赞美、肯定和期待具有一种能量，它能改变人的行为。

一个人在获得了另一个人的肯定和赞美时，他便感觉获得了他人的支持，从而增强了自我价值，变得自信、自尊，身上会充满一种积极向上的动力，并尽力达到对方的期待，以避免让对方失望，以达到维持这种社会支持的持续性。

孩子的心灵就像干渴的小苗，"肯定"是滋润孩子心田的春雨。所以，作为父母，要在孩子取得进步的时候，给他肯定。因为，孩子的进步只有得到肯定，才能转化为自信。父母需要从孩子身上找出积极的、优秀的一面，并且毫不吝啬地肯定他。例如，虽然孩子这次考试不是全班第一，但是他比上一次多考了 10 分，那你就要看到他的进步，而不是一味地批评他为什么分数比不上别人。

哲学家詹姆斯说过："人类本质中最殷切的要求是渴望被肯定。"所以，家长千万不要吝啬对孩子的赞美，一句鼓励的话足以让孩子变得更加自信，活得更有尊严。你的赞美会像寒冬里耀眼的阳光一样，驱走孩子心里的寒冷，让孩子充满温暖，自信满满。

一般来说，表扬分为三种形式。

第一种：口头夸奖。

这种夸奖可以让 3 岁左右的孩子理解和明白什么该做什么不该做。口头夸奖一定要具体，例如，孩子学会背诵一首诗或儿歌，不必只对他说"你真棒"这类空洞的口号，

　　　　　　　　　　　　读懂孩子，才能成就孩子

妈妈可以用热情洋溢的口吻说："孩子会背儿歌啦！耶！"这种热情可以进一步调动孩子的激情，让他有想继续下去的动力。

当发觉孩子的注意力开始被其他事物吸引时，父母就要赶紧刹车，以免让他生厌。特别强调的是，培养孩子的热情在早教中、在父母与孩子的交流中至关重要。孩子活泼开朗、乐观向上的性格，其实就是在父母与其沟通交流时的语气和态度中自然形成的。父母的语气和态度决定了孩子的性格。

第二种：身体接触式奖励。

这是一种最具感染力的表扬方式。父母教孩子完成一项任务后，采用最多的方法就是热情地抱抱孩子或者把他高高举起来。这种身体接触式夸奖和表扬会令孩子加倍感受到父母对他的亲昵和爱，以及对他的绝对认可。孩子特别喜欢被拥抱，其实想一想，我们成年人不也是喜欢被拥抱吗？

拥抱可以拉近两者之间的距离，让孩子在心理上感到极其安全。因此，纵观多种表扬和夸奖，这是效果最好的形式。有时孩子自己会提出要求："抱抱我。"于是父母就会格外真诚而充满热情地去拥抱孩子。这就是父母跟孩子建立亲密关系的绝招。如果想更好地教养和管理孩子，就要多多拥抱孩子，任何时候行动的效果都远远大于说教。

第三种：物质表扬和奖励。

面对 3 岁左右的孩子时，这种方法尽量不要采用，因为这样会有"行贿"的感觉。就是说，为了达到你的目的，你就会许诺孩子奖励他想要的东西，一旦形成习惯，他就会产生这样的惯性思维：做好一件事情或者学好一项知识，其目的就是得到想要得到的东西。这个习惯一旦形成就很难改变，以后孩子学习任何东西，在没有物质奖励的情况下就会丧失主动性和自觉性。而父母要培养的正是孩子的主动性和自觉性。因此，父母只宜在适当的时候给予孩子适当的物质奖励，但不可常用，因为其潜在的危害不可估量。

五、孩子磨磨蹭蹭——暂时停下，让孩子先去做自己想做的事情

有些孩子在做作业或其他事情时，总会磨磨蹭蹭的。

读懂孩子，才能成就孩子

看到这种情况，多数家长会督促孩子加快速度。其实，孩子做事磨蹭，很可能是对当前所做的事情不感兴趣或心里想着其他事情，这时候家长完全可以让他停下来，让他先去做自己想做的事情，再继续完成手里的事情。

李可读初三了，学业相当紧张，课余时间几乎全部用在功课上了。但他喜欢唱歌，总想看看电视里的歌舞晚会，而 MTV（音乐电视）更让他沉醉。

李可也有烦恼。父母在家时他从来就不敢坐在电视机前，以免挨妈妈的骂或招来爸爸的拳头。实际上李可很有歌唱天赋，音乐老师还推荐他参加校合唱团。但是，只要他在家里一哼歌曲，妈妈就会大嚷："你乱叫什么？像乌鸦一样，难听死了！赶快做作业、看书去！"每次听到妈妈这样大嚷，李可便会觉得如冷水浇顶，全身凉透。

有一次，李可在家里做作业时又情不自禁地哼起歌来。妈妈听见了，便冲进卧室，"啪"的一声狠狠地给了他一记耳光，并且不由分说把李可珍藏多年的两本最喜欢的歌本夺过去撕成了碎片。妈妈的做法彻底伤了李可的心，从此他在家里沉默寡言，很少再唱歌了。

也许李可妈妈这样做，是想当然地认为孩子唱歌会影响学习，认为孩子都上初三了，面临中考也不知努力，不思进取。但实际上，孩子唱歌只是偶尔为之，并没有因为唱歌而耽误学习，父母没有理由让沉重的书本学习占据孩子的整个生活，孩子的生活里也不应只有课本。

李可的妈妈把音乐与知识学习完全割裂开来的做法是很不可取的。且不说音乐可以愉悦情感，放松情绪，启迪人的智慧，不少科学家、哲学家、文学家都酷爱音乐，像爱因斯坦、马克思、歌德等，就非常看重音乐的作用。因此，父母不要简单地割断孩子和音乐的联系，不要扼杀孩子的音乐爱好。正确的做法应该是帮助孩子建立对健康、自然、向上的音乐的爱好，提高孩子的音乐欣赏水平。这样不仅不会影响孩子的学业，还会对孩子的学业起到积极的作用。

其实，孩子生来就是自主自动的，无须父母监督，他们就会奋力学习行走，一旦学会了走，他们就要试着奔跑；孩子都有着强烈的好奇心，他们会主动询问他们不明白的事情；他们会独立自主地做自己想做的事情，讨厌别人的干涉。孩子在独立地做自己想做的事情时，会体验到各种情感，这种体验反过来又影响着他们做事情的欲望和兴趣。

　　　　　　　读懂孩子，才能成就孩子

由于他们的努力，事情做成功了，他们的心情和在别人帮助下或者强迫下做成功是不同的。这种成功的喜悦对孩子来说是巨大的，会激起孩子争取更大成功的欲望。

即使有可能会遭遇失败，但这种失败的情感体验也会让孩子产生继续努力以获取成功的毅力，完全不同于父母强迫或禁止所造成的失败体验，后者只能招来孩子的怨恨，对孩子的健康成长没有益处。

每个孩子都是家庭中的平等一员，父母要抛弃那种支配孩子、指挥孩子的错误观念，让孩子享受自由主宰自己的权利。时刻牢记这一点，父母对孩子的教育会顺利得多，父母和孩子的关系也会融洽得多。

人与人之间总是充满差异的，别人家孩子喜欢做的事情，自己的孩子未必会喜欢，因此家长不要强迫孩子去做什么，而要了解孩子的内心想法，摸清孩子的实际情况，让孩子做自己愿意做的事情。家长应充分尊重孩子的兴趣爱好，保护孩子的个性，鼓励孩子发挥自己的特长。家长要让孩子正确评估自己，勇于面对自己的不足，快乐、踏实地做好自己喜欢又益于社会的事情，这样才能让孩子成为他自己。

1. 不强迫孩子做他不喜欢的事情

不强迫孩子做他不喜欢的事情，不在孩子做事情的时候过度地干涉，就是提升孩子注意力最佳的训练方式。但现实生活中很多父母在对孩子进行教育时却往往步入了误区：认为孩子做的事情很多是不对的，只有父母给孩子指定的事情才对孩子有好处，孩子才能做。他们一旦发现孩子做的事情不符合自己的意愿就立刻打断孩子进行纠正，甚至不允许孩子继续下去。

父母不能凭借自己的身份要求孩子按照自己的意愿去做事。当孩子在做他自己喜欢的事情时，即使父母觉得孩子做的事情不对也不能随意呵斥孩子，而是要多加观察。

孩子在做事情时，不管事情对错，只要孩子是认真的、专注的，这种行为本身就值得鼓励和支持。特别是对于那些自卑、自信心缺失的孩子而言，教育一定要得当，否则会伤害到孩子全神贯注做事情的心态。

2. 不干涉孩子做他喜欢的事情

不干涉孩子做他喜欢的事情，孩子才能在做事情时更加专注，也才能将事情做得更好。可是，在大部分家庭中，爸爸妈妈、爷爷奶奶、姥姥姥爷对孩子百般疼爱，每当孩

　　　　　　　　读懂孩子，才能成就孩子

子想尝试一些新鲜的事物时，他们就会像拉了警报器一样，时刻注意着，随时准备把孩子从他们认为的"危险"中拉回来。

还有的家长会把孩子专心致志地做事情当作搞破坏，最典型的例子就是一发现孩子拆小玩具就一把夺过来，大声呵斥孩子一番。这样不仅严重地扼杀了孩子的好奇心和尝试新鲜事物的勇气，也在一次次的打断中破坏了孩子的注意力。

第六章

留意孩子的情绪，读懂他们的
所思所想（4～15岁）

一、给孩子体验情绪的机会，倾听孩子的情绪

父母希望孩子每天都是开心、喜悦的，常常认为孩子出现难过、失望、委屈等负面情绪，是一件不好的事情，应该制止。但实际上，人的情绪是流动的，它会来，也会去。无论是正面情绪，还是负面情绪，都是人类感受的一部分，因此不要剥夺孩子感受任何情绪的权利。

前段时间，发生了这样一件事，令我感触很深。

一个上初中的男孩跟爸爸起了冲突，哭着说："我在家已经很勤快地做事了，为什么你永远对我不满意，总是瞪我、吼我……"在场的两个长辈也好言劝孩子。孩子妈妈说："这点事哭什么？不管怎样，他是你爸，有权利说你。"

一位亲戚赶紧打断了她，告诉孩子："你说得很好，表达了自己的感受，想哭就哭吧，不要憋在心里。"

在大家的安慰下，孩子的情绪渐渐平复下来，并决定以后多跟爸爸交流和沟通，改善彼此之间的关系。

在孩子的成长过程中，尤其是年龄小的孩子，哭闹、发脾气是常有的事情，家长都不陌生。然而，许多家长见不得孩子表现出负面情绪，就像上面例子中的妈妈一样，

读懂孩子，才能成就孩子

第一反应是否定、批评孩子，甚至再加上一堆大道理，可教育效果适得其反。

家长总认为孩子的情绪微不足道，觉得孩子就是喜欢无理取闹。而对于孩子来说，得不到父母的理解，久而久之，便会失去对父母的信任，越来越不愿意向父母倾诉心声。

孩子虽然年龄小，但也有喜怒哀乐，这些情绪和大人的情绪有着同等分量，是他们重要的成长体验，应该被认真对待。孩子的情绪未得到妥善安放是不会自行消失的，而且会在孩子心中郁结，终有一天会以更加激烈、意想不到的方式爆发出来，不利于孩子个性、人格的健康发展。只有允许孩子表达出情绪，家长才有机会发现孩子的问题，了解孩子的内心，及时给孩子提供帮助。

过度共情或者息事宁人都会阻碍孩子感受情绪，家长经常在不经意间就剥夺了孩子感受情绪的机会。

有个妈妈很关注孩子的情绪感受，但是孩子经常对妈妈的行为表现出一副不屑的样子。最近一次，孩子从学校回来，跟她说："妈妈，今天我跟同桌争论一件事情时动手了，他练过跆拳道，下手也太重了，我现在胳膊都胀痛。"她试图跟孩子共情，说："真的吗？你一定特别生气吧？

妈妈也非常生气，真是的，怎么能这样去打同学呢？气死了。"孩子听完，给了她一个白眼，就进自己房间了。

其实，这个孩子回来，是很有跟妈妈倾诉的欲望的，或许，他想表达自己是怎样勇敢，跟一个学过跆拳道的同桌开战，也完全不带怕的。又或许，他想表达的是，如果我也可以去学习跆拳道就好了。又或者，他想表达的是其他的。但是，妈妈并不是真的气死了，而只是把"共情"当作一个工具或者手段，试图更好地走近孩子。但孩子立刻就敏锐地感受到了妈妈的夸张和不真诚，因此他的表达欲望被破坏了，他不想继续聊下去了。

如果说过度共情的妈妈起码还在为走进孩子内心而努力的话，那么息事宁人型的妈妈就属于敷衍了事了。

生活中，经常看到孩子之间起冲突，孩子一肚子委屈想要跟妈妈告状的时候，妈妈不是问孩子："发生了什么事情？"而是下意识地一句话脱口而出："没关系的，××也不是故意的。""你不要哭了，××他也是不小心啊。"是不是没关系，是不是要继续哭，那是孩子说了算。但是，太多的家长会越过孩子，直接将这件事情定性为无关紧要，完全无视孩子的委屈或难过。

读懂孩子，才能成就孩子

孩子会根据家长的反应定性自己的行为，尤其是 6 岁以下的孩子。如果家长把"息事宁人"当作解决问题的标准，孩子就会觉得自己不应该有负面情绪，自己受委屈也好，受侮辱也罢，只要对方不是故意的，或者即使对方是故意的，但是如果自己产生了情绪，就会让人不喜欢，认为忍受才是解决问题唯一正确的方式。

当情绪来时，让孩子在情绪里停留一会儿。例如孩子丢了东西，他感觉难过和懊恼，甚至会伤心哭泣，这个时候，家长需要做的，是认可孩子的难过，等他平静后，询问他是否需要帮助。

所以，理解孩子因为某件事情有情绪，并相信他会自己消化这种情绪，才是正确的做法，而不是无视他的情绪，强迫他像什么都没有发生一样。

二、孩子总是哭泣——从具体原因入手，找到解决的办法

生活中，你是否看到过这样的场景：

孩子刚刚打完针，一直哭个没完，一开始妈妈还哄两

句，时间长了就受不了了："行了行了，别哭了！""你看看人家比你小，人家说疼了吗？""能有多疼？有什么好哭的。"可是针扎下来怎么会不疼呢？孩子哭得撕心裂肺就是想告诉妈妈：他很疼，也很害怕。

这是一种非常正常的情绪体验，然而父母直接忽视了孩子的感受，忘记反转视角，看不到孩子泪水背后的需求。

在这个过程中，父母看到的只是自己的焦虑，因为孩子哭哭啼啼让父母感到烦躁着急。

父母不让孩子哭，解决了自己的焦虑，却没有解决孩子的问题。

生活中，像这样的场景很常见。作为父母，我们对"哭"这件事有着深深的误解：不喜欢孩子哭，害怕孩子哭，想方设法制止孩子的哭声。因为在父母眼中，哭是性格软弱的标志，也是负面情绪的标志，特别是对于男孩，父母更不能接受他哭，会经常用"男儿有泪不轻弹"来教育孩子。比起孩子哭，家长用讽刺、威胁的方式不让孩子哭，对他的伤害更大，因为孩子会认为自己的情绪是不好的，产生羞愧感和自卑感，导致他在以后的成长过程中，会很难处理好自己的情绪。

　　　　　　　　　　读懂孩子，才能成就孩子

美国发展心理学家阿尔黛·索尔特博士说："哭泣是机体在进行重新构建时所做的努力，它是进行自愈的一个程序。"孩子哭，其实并不完全是一件坏事，相反，它是孩子正常的情绪表达方式。不管是男孩还是女孩，因为年龄和认知的限制，他们往往无法通过精准的词汇诠释自己的感受，只能用哭来表达，这个时候，父母的态度决定了孩子和情绪相处的能力。

1. 孩子爱哭，到底是什么原因？

哭，虽然是孩子正常的情绪表达方式，但如果孩子经常哭，就要注意了，可能是由以下几个原因导致的。

（1）家人溺爱。现在的家庭，往往是几个大人围绕一个孩子转，可见孩子在家庭中的地位。长辈更是尽量满足孩子，孩子即使犯错也不舍得打骂。所以没有经历过"挫折"的他们，慢慢就习惯了任何事情都要顺从自己的心意，日后一旦遇事违背了自己的心意，就会哭闹。因此对于每一个家庭而言，无原则地溺爱孩子是不可取的，这样只会让孩子的心理变得脆弱，难以承受踏入社会后遇到的打击。

（2）家长对孩子太过关注。孩子是家里的宝，尤其是在小的时候，家长都会对其投入非常多的精力，时时刻刻对其高度关注。而这样的教育，虽然让孩子充分感受到了来自父母的爱，但过度的关注也容易让其变得患得患失。一旦日后父母对孩子的关注度降低，尤其是在生了二胎之后，孩子就很容易接受不了，往往会选择通过哭闹来获得家长的关注。

（3）不当的批评教育。为了让孩子养成坚毅的性格，部分家长在生活中经常对其进行批评教育。殊不知，这种教育方式往往只会起到适得其反的效果，让孩子变得越来越不自信且非常敏感。孩子无处发泄的情绪最终爆发，就会演变成哭泣。

虽然哭泣也是孩子释放情绪的一种方式，但对于孩子来说，一直用这样的方式发泄自己的情绪，就说明孩子的性格过于敏感。这样的孩子长大之后，其心理承受能力往往非常弱，进而导致适应社会的能力和抗压能力比较薄弱。一旦遇到困难就只会哭，这对于踏入社会独自面对很多事情的人来说是绝对不行的。

2. 孩子爱哭，父母该如何应对？

（1）注意孩子的内心世界，不要只看表面。有时候，

读懂孩子，才能成就孩子

父母对于孩子的教育，总是注重表面内容。父母总是察觉不到孩子内在的变化，看到孩子行为没有异常，即使爱哭，也不认为这是一个问题。但是孩子的教育无小事，家长要十分注意孩子爱哭这个问题，应从孩子的内心着手，了解孩子爱哭的原因，并对症下药。如平时家长对孩子进行教育时，要多一点支持和鼓励，少一点责骂和生气，让孩子的内心世界更加阳光，自然而然地，孩子的心理承受能力就会变强，在遇到自己克服不了的困难时，也会选择尝试勇敢面对，而不是只会躲在角落里哭泣。

（2）父母须给孩子营造一个坚强的环境。孩子在成长和生活中，总是离不开父母的影响。有的父母总是喜欢贬低孩子，责骂孩子。孩子感受不到鼓励，其心理素质就会变差，一旦遇到困难，只会选择哭或依靠别人。所以，当发现孩子总是喜欢哭时，父母就要改变自己的教养方式，多给孩子一些鼓励。例如，孩子总喜欢一跌倒就哭泣，那么父母一方可以假装自己跌倒，然后给孩子做出榜样，微笑着站起来，同时，另一个家长或家庭成员对其给予奖励，从而在孩子的心中树立形象——不哭的孩子是可以得到夸奖的，这样，孩子爱哭的坏习惯就会逐渐得到改善。

（3）让孩子加强体育锻炼，给予孩子外部支持。在让孩子变强大的诸多方法中，健康的体魄所起到的作用总是容易被父母忽略。因此，在日常生活中，加强体育锻炼对于减少孩子哭泣很有帮助。其作用如同军训。除了给予学生强健的身体，军训也让学生拥有强大的意志力，让他们在面对困难时不会惧怕和软弱。

（4）多做一些培养孩子意志力、耐心和勇气的游戏。爱哭的孩子，性格总会显得懦弱，也许父母认为，他们可以保护好孩子，但是，父母并不能全程参与孩子的一生。所以，为了孩子的将来考虑，锻炼他们的耐心和意志力，是必要的措施。因此，在孩子的成长过程中，父母可以经常让孩子做一些锻炼勇气和意志力的游戏，如攀岩、长跑、爬山等，这些游戏在培养了孩子的坚韧性格的同时，也培养了孩子新的兴趣爱好。

（5）释放孩子的天性。孩子形成爱哭的性格，有很大的原因是家庭对他们的影响，所以，对孩子来讲，全方位的呵护也许不是保护，而是伤害。因此，对孩子，不要过度呵护和纵容，这样只会使孩子的性格变得懦弱，也会让孩子更加骄纵。作为父母，要学会在孩子成长的阶段放手，让孩子在碰壁和受挫中不断学会坚强，这样才会使孩子拥有强大的心理素质。

总而言之，孩子自出生以来就比较依赖家长，在很多时候，他们选择哭泣，因为在他们看来，一旦自己受到伤害，父母就会给予他们及时的保护，所以他们擅长通过哭泣来得到父母的保护。

三、孩子愁眉苦脸——主动沟通，帮孩子走出忧郁

情绪是个人与外部环境互动时产生的感受，这种感受是与生俱来的。事实上，孩子不爱言笑、思想较为消极、整日愁眉苦脸，通常与其情绪特质有很大的关联性。这时候，家长就要主动跟他们沟通，引导他们走出忧郁的情结。

读小学五年级的马一鸣，在遇到任何事情时，总是习惯先皱起眉头，紧绷着脸，好像对什么都很担忧。例如，做起事来瞻前顾后，总认为事情不会顺利；只要事情发展的方向跟预期有偏差，情绪就会跌到谷底，很不开心；晚上还经常失眠，担心学习成绩下降，担心失去朋友；父母

和他聊天，听到的也多半是令人不开心、不满意的事情。

马一鸣的表现引起了父母的担忧，他们希望能找到方法来改变孩子，让孩子多一些正面情绪，少一些抑郁。

像马一鸣这样的孩子，如果没有得到及时有效的疏解，最终很有可能会变得更加糟糕。

情绪特质倾向负面的孩子看起来更悲观，顾虑也较多，不论什么事情都会先看到悲观消极的一面，或是对于未来总是有所担忧。而情绪特质偏向正面的孩子看起来较为乐观积极，面对生活中遇到的各种事情，都能保持正面的期待，即使事情不如预期时，也能够做到调节自我情绪。这也应该是正常孩子本来的面目。

在大多数情况下，父母很容易从性格开朗的孩子身上得到积极正面的回应，在教养过程中也容易获得成就感。相反，情绪特质比较悲观的孩子容易看到事物不理想或不完美的一面，经常陷入说不清的烦恼，表现出愁眉苦脸的样子或频频抱怨的反应，常常让父母颇感无奈，也充满着对孩子教养的失败感。

父母所采取的教养方式对孩子的抑郁情绪有一定的影响，父母理解孩子，让孩子感到温暖，孩子的抑郁情绪就

读懂孩子，才能成就孩子

会少；父母越是不理解孩子，过分干涉，严厉惩罚，孩子感觉不到自己的价值，他的负面情绪就越多。

父母发现孩子经常抑郁时，不妨试试以下 5 种教养方式，引导孩子走出抑郁情绪的"牢笼"。

1. 陪伴和支持孩子

简单来说，就是要给孩子尽可能多的陪伴和支持。

父母要让孩子感受到一种无条件的接纳与陪伴，当这样的条件能够得到满足时，孩子自然会比较愿意向父母表达隐藏在他内心深处的想法，这无疑也让父母能有更多的机会去了解孩子的感受，而不是满足于看到孩子的表象。此外，父母平时对孩子的言语也要有所讲究，尽量少说诸如"多笑一点""你不要总感觉心情不好""想开一点吧"之类的改善性建议。

事实上，这样的反馈从心理上来看都是负面的，很难让孩子真正感受到温暖、获得益处，更无法从中获得正面的支持。因此，在陪伴孩子的过程中，父母可通过正面的表述来表达对孩子的支持，让他先肯定自己性格的优点，在面对孩子过度担忧可能带来的困扰时，对其进行鼓励和引导。

2. 引导策略要具体可行

当孩子情绪比较缓和，能平静地沟通讨论时，父母可以和孩子谈谈面对烦心事时的具体应对策略。父母在这个过程中所扮演的是引导者的角色，通过引导让孩子自己想出一些策略，再和他一起讨论每个做法的可行性。如果孩子一时想不出更好的办法，父母也可以给孩子提供一些思考方向或具体的建议，例如："心情难过时，可以做一些你最喜欢的事情，像画画、听音乐、做运动……"

父母和孩子一起玩游戏对帮助孩子认识情绪、掌控情绪也有很大的帮助。例如，父母和孩子一起照镜子，比赛看谁能做出最夸张的表情，轮流模仿对方的表情；使用情绪卡片，练习情绪觉察与表达；等等。

3. 不要否定孩子的负面感受

性格特质比较偏向负面情绪、悲观的孩子，往往很容易因为一点小事就不开心，这些小事对父母来说可能没什么，所以父母容易脱口说出"这种事有什么好难过的，你就是想得太多"之类的话。但这样说不仅会让孩子觉得你不了解他，还会让孩子觉得不开心是他的错，久而久之，

读懂孩子，才能成就孩子

孩子会选择忽略自己的情绪感受，以后遇到不开心的事情时，可能再也不愿和父母沟通了。

4. 不要求孩子快速振作

面对忧郁、闷闷不乐的孩子，父母往往通过鼓励孩子来使他们变得勇敢、坚强，例如可对孩子说："大家都这么关心你，你要振作一点啊！"这些看似鼓励的话语，对正常情绪的孩子没有问题，但对本就抑郁的孩子来说，并不能马上激发孩子想要振作的动力，反而会让孩子感受到一种来自外界的压力，陷入更深的自责之中。

5. 保证孩子充足的睡眠和适度的运动

充足的睡眠也有助于改善孩子的情绪。伦敦大学有关专家研究了儿童期睡眠不足对情绪的长期影响，他们通过调查和研究得出一个结论：睡眠不足的人，容易出现焦虑、抑郁和好斗等行为。因此，无论从孩子的健康角度出发，还是从孩子的情绪方面考虑，帮助孩子改善睡眠质量都具有现实意义。此外，有关研究表明，适度的运动可以减轻孩子的抑郁症状。所以，父母要培养孩子经常运动的习惯，可以把散步、慢跑、跳绳、球类等运动作为日常运动项目。

四、孩子对某事耿耿于怀——告知狭隘的危害，让孩子开阔心胸

先看一个案例：

一天，女儿一回到家就独自坐在沙发上生闷气，嘴里还不停地嘀咕："哼，我非和这样的朋友绝交不可！"

妈妈看到女儿这副模样，便走过去询问道："怎么了？满脸的不高兴。"女儿说："琳琳把我的那盘 CD 弄坏了，那盘 CD 可是绝版的，现在有钱也买不到呀！你说气不气人？"

妈妈这才明白了女儿为何如此生气。她拉着女儿的手，慢慢地说道："琳琳不是你最好的朋友吗？我还记得上次文艺晚会你借了她的鞋子参加表演，后来好像还把人家鞋子的鞋跟给穿断了，对吧？琳琳最后不是丝毫没有责怪你的意思吗？"

女儿被妈妈这么一问，脸突然红了起来："对呀，琳琳对我很好的。"妈妈接着说道："所以，她一定不是故意弄坏你的 CD，说不定她比你还难受呢。孩子，何不宽容一下别人的过错呢？宽容会让你变得快乐，宽容能收获更多的

幸福。"女儿点点头，心想：明天上学的时候，我一定要告诉琳琳，自己不生气了。

心胸狭隘是一种心理缺陷，这样的人一般喜欢与人斤斤计较、容不下他人，也容易被他人排斥。孩子如果养成蛮横、自私等坏脾气，今后在社会上就很容易被孤立，难以独立生存。

孩子斤斤计较，年纪小时可能问题还不大，因为这时候他们有父母的关心和保护。可孩子一旦长大后离开父母，问题就多了：心胸狭隘的孩子心理脆弱，遇到困难无法独自面对，还容易把挫折扩大化。

孩子的生活原本是多姿多彩的，他们会跟小伙伴一起学习、生活、玩耍。不过，他们偶尔也会碰到一些不顺心的事，比如，因为小事跟同学争得面红耳赤，好朋友之间闹别扭等。如果孩子平时把不顺心的事都闷在心里，就会变得性情怪僻而孤独；如果孩子控制不住情绪，恼羞成怒，就容易与同学大打出手，甚至酿成悲剧等。

要避免这些不幸的事发生，就要让孩子懂得包容，开阔胸襟。因为只有宽厚待人，孩子的心理才会健康，才能跟同学和伙伴融洽相处。

1. 心胸狭隘是天生的吗？

孩子并不是天生就心胸狭隘的，心胸狭隘大都是后天形成的。造成孩子这种性格的原因有很多，错误的家庭教育是其中一个很重要的因素。

（1）家长的溺爱。现代家庭大多是父母、祖父母围着一个孩子转，对孩子的要求基本是有求必应。家长想把所有最好的都给孩子，对孩子只有赞美而没有批评。集万千宠爱于一身的孩子，一旦发现有其他小朋友比自己好，就会产生忌妒、心理不平衡等心态，如果家长没有及时帮助孩子认识和改变这种心态，就会造成孩子心胸狭隘。

（2）家长性格的影响。有些家长自己就是斤斤计较的人，孩子在日常生活中长期与家长相处、接触，听多看多了之后，自然就会受到潜移默化的影响。所以家长的言传身教是影响孩子性格形成的关键因素。

（3）孩子心理发育上的认知缺陷。孩子年龄小，缺乏社会阅历和人际交往经验，独立思考问题和解决问题的能力不足，遇到事情如果解决不了就容易产生心理挫败感。例如某女孩平时在家都是被家人当小公主般宠爱的，但到了学校，老师却只表扬了其他的孩子，其心理上接受不了

读懂孩子，才能成就孩子

这种落差，就很容易产生偏激的想法。

（4）孩子的自我意识太强。一些孩子自我意识过强，总是以自我为中心，不会站在他人的角度去看问题。这就会导致孩子极度敏感，遇到问题总是从自己的角度去考虑自己是否受到了伤害，而不去考虑别人的想法和立场。这种孩子行事容易过于感情化，看问题比较片面。

心胸狭隘是一种心理缺陷，总是喜欢与人斤斤计较、容不下他人，也容易被他人排斥。如果养成蛮横、自私等坏习惯，今后就很容易被孤立。

2. 心胸狭窄对孩子有什么影响？

（1）容易被孤立。一个总是喜欢以自我为中心，不在意他人想法和立场的人，是无法与其他人和谐相处的。这样的人总是有"被迫害妄想症"，总是不服气他人比自己好，比自己优秀，甚至为了维持自己的心理平衡去说他人的坏话。成人都不喜欢和斤斤计较的人相处，孩子也是一样，斤斤计较的人往往容易被其他人孤立。

（2）人际交往面窄。心胸狭窄的孩子自我意识太强，容不下他人比自己优秀，比自己条件好，所以不喜欢与优秀的人交往，只喜欢和赞美自己、羡慕自己的人交往。这样只会让孩子的交际面过窄，而且听不到不同的意见和声音，只能接受好的评价。

（3）容易走极端。心胸狭窄的人很容易在心中积怨，经常会因为一些小事而耿耿于怀，进而影响自己的情绪。有些孩子习惯以自我为中心，不理解也不善于处理生活中的矛盾和纠纷，如果情绪得不到纾解，就容易和其他人产生冲突，甚至伺机报复。

3. 孩子心胸狭窄，家长该如何教育？

家长应该从小教孩子学会宽容他人。能够大度地原谅别人，能与人为善，这是一种修养，也是一种风度，更是一种优秀的品质。

（1）教孩子学会"心理换位"。许多孩子只习惯于从自己的角度思考问题，而不习惯于站在别人的角度思考问题。要消除这种现象，最好的办法就是"心理换位"。站在父母的角度考虑，就会理解父母的良苦用心；站在祖父母或外祖父母的角度考虑，就会理解老人的那份关爱和唠叨；站在老师的角度思考，就会理解老师的艰辛；站在同学的角度思考，就会认识到大多数同学是可爱可亲可交的。所以，教孩子学会心理换位是非常必要的。

读懂孩子，才能成就孩子

（2）教孩子学会理解他人。"金无足赤，人无完人"，有缺点和不足乃是人之常情。和同学相交，和朋友相处，完全没有必要求全责备，而应求同存异。只要同学和朋友的缺点不是品质方面的，不是反社会的，你就没有必要事事计较，事事都想要个公平合理。对人多原谅一次，多给人一次宽容和理解，也就等于为自己多找了一份好心境，从而使自己在个性完善的道路上又向前迈进了一步。

（3）让孩子多与同伴交往。宽容之心是人在交往活动中培养起来的。孩子只有与人交往，才会发现每个人都有这样或那样的缺点，都会犯或大或小的错误，而只有学会容忍别人的缺点和错误，才能与人正常交往、友好相处。也只有通过交往，孩子才能体会到宽容的意义，体验到宽容带来的快乐。例如称赞别人的优点，庆贺同伴的成功，帮助有困难的小朋友，采纳别人的合理建议，分享别人的成功经验等，这些都能使孩子得到友谊，获得进步。

（4）鼓励孩子纳新和应变。宽容不仅体现在对"人"的态度上，也表现在对"物"和"事"的态度上。父母要引导孩子见识多种新生事物，让孩子喜欢并乐意接受新生事物，承受事物所发生的各种意想不到的变化，善于知变和应变。例如，让孩子了解各种奇观奇迹，观察生活中日新月异的变化，鼓励孩子独辟蹊径解决问题。孩子一旦习惯于纳新和应变，对世间的万事万物也就具备了宽容之心。

五、孩子对某人怀有敌意——让孩子少些忌妒，用正常手段超过对方

忌妒是在别人比自己优越时，所产生的一种憎恨情绪。这种心理活动是从人的早期情绪分化而来的。忌妒在不同的孩子身上有着不同的表现形式和内容，比如看到别的孩子取得了好成绩，有好人缘，有的孩子就会酸溜溜地说："有什么了不起的！"

当一个人忌妒另一个人的时候，就不会对那个人友善、热情，两个人的关系必然会冷淡。如当别的同学使用的圆珠笔比自己更好时，忌妒心强的孩子就会去抢别人的笔。孩子忌妒的对象越多，与孩子关系冷淡的对象也就越多，这就给孩子社会交往能力的发展带来极大的障碍。

女孩今年5岁，正在上幼儿园大班，活泼可爱，讨人喜欢，她每次从幼儿园回来时总是兴高采烈地唱歌。

　　　　　　　　　　读懂孩子，才能成就孩子

这天，从幼儿园出来后，她没有像过去那样坐在妈妈旁边的副驾驶位置上给妈妈唱歌，而是自己拉开车门坐到后排座位上一言不发。妈妈不解地问："不给妈妈唱歌了？"她情绪低落地嘟囔道："不想唱！"

妈妈追问："被老师批评了？"她立即答："没有！"

"那你为什么不高兴呢？"她沉默了一会儿，自言自语起来："菲菲唱得一点都不好听。"第一次听到菲菲的名字，妈妈忍不住问："谁是菲菲啊？"

女孩不耐烦地说："新来的那个。"妈妈突然想起来了，刚才在教室门口，有个她以前从未见过的小姑娘甜甜地叫"阿姨"，自己还夸了她一句。老师说她是新来的，喜欢唱歌跳舞。

妈妈突然明白了：女儿忌妒同学了！妈妈弄明白后心也不由得一下子提到了嗓子眼儿。

故事中的女孩对同班的新同学菲菲产生了敌对性忌妒心理。孩子的敌对性忌妒心理就是对获得家长、老师等表扬的其他孩子怀有了敌对情绪。当老师或者家长表扬其他孩子时，他们会表现得不高兴、不服气："凭什么表扬他，我做得也很好啊，他有什么了不起。"有的孩子甚至会当众表示自己的不满，讽刺受表扬孩子的缺点或者不足之处。

孩子的年龄特点决定了他们以自我为中心的思维方式，他们往往情绪反应激烈，缺乏控制自己情绪的能力。他们希望独占大人的宠爱，也希望一直处于受表扬的优越地位。因此，当看到别的孩子受到表扬时，他们常常不能调节好自己的情绪。

每个人生活在特定的范围内，都会不自觉地和别人进行比较，但是等到发现自己的相貌、才华、家庭条件等不如别人的时候就会产生羡慕、崇拜、想要奋力赶超的心理，同时有的人还会产生羞愧、消沉和怨恨等负面情绪，而后者就是忌妒心理。

孩子虽然也渴望友谊，但与此同时，他们之间也存在着友谊的最大杀手——忌妒，因为同龄孩子之间难免会有比较和竞争，所以，有的孩子在面对比自己优秀、成功的朋友时就会产生不平衡心理。

这个时候，父母应该培养孩子健康的竞争心态，让孩子明白竞争不该是狭隘、自私的，竞争的过程中应当有宽广的胸怀，而不是阴险、狡诈和算计。

1. 让孩子了解到忌妒的危害

父母要有意识地让孩子认识到忌妒的危害性：对自己来说，忌妒会让人在痛苦中煎熬，直接影响人的身心健康。而且心怀忌妒的人，通常人际关系也不好，因为他们常常会对被忌妒的人冷言冷语，在背后说他们的坏话，故意搬弄是非等。对别人来说，被忌妒者反而更勇敢、优秀。当你伤害你所忌妒的人的时候，对方的斗志就会更强，对方的进步也会更大，而你只会无休止地自我折磨。总的来说，忌妒是不道德的，它不仅会破坏友谊，而且会将自己置于被嘲笑和被孤立的境地。

2. 教育孩子在竞争中学会宽容

大部分竞争失败的孩子会在竞争的过程中流露出不满的情绪，对对手充满排斥，表现出明显的敌意，而孩子还无法通过正确、积极的心态面对竞争，需要家长在培养孩子竞争意识的同时，培养他拥有良好的竞争心态。此外，家长还要告诉孩子，竞争的过程中要宽容对待他人，从而让他明白竞争的真正意义。

3. 在竞争的过程中合作双赢

现在社会的竞争讲究的不是一定要置对方于死地，而是追求在合作中共赢，对孩子而言也是如此。只有竞争而没有合作，人只会变得孤立，人际关系也会岌岌可危，不利于成长。父母可以这样告诉孩子："如果你可以和某某合作，你们俩都一定会变得更棒！""我知道某某在画画方面比你优秀，但是你在书法方面比他强很多，如果你们两个联手打造一个表演节目，一定非常精彩。"

六、孩子感到惊恐——将孩子的注意力从害怕的事物上移开

家长群里，为"熊孩子"操碎了心的宝妈们正无力吐槽的时候，一向以"孩子乖巧"自豪的妈妈却道出了自己的烦恼："每次孩子出去玩，总是听到他说'不敢，不敢'，孩子胆子太小、不自信可咋办呀？"没想到这个话题引来家长们的一片回应：

"一个玩具都能把你吓哭，真是搞不懂，这有什么可怕的？"

"别人从他手里抢东西，他都不吱声，性格也太软弱了！"

　　　　　　　　　读懂孩子，才能成就孩子

"我家孩子一见外人就往我身后躲，真拿他没办法。"

"有想法从来都不去表达，遇到自己喜欢的东西也不懂得去争取，这孩子真叫人发愁。"

"我家孩子特别不自信，当众说话就紧张，上次上台表演节目紧张得说不出话，这可怎么办呀？"

"我家孩子太乖了，别人让干吗就干吗，一点主见都没有。"

孩子在三四岁之前胆子小，家长们不必过度紧张。这可能是因为孩子接触的外界事物过少，尤其是让家里老人照顾的情况下，上幼儿园后就会慢慢改变，胆子也会越来越大。但是如果孩子在4岁半、5岁已经进入幼儿园的状态下，胆子依然很小，那么爸爸妈妈就需要进行干预了，即提供给孩子更多的接触外界的机会。

孩子胆小懦弱是天生的吗？

孩子胆小有一定的遗传因素。父母有一方性格内向，不爱说话，那么孩子也会继承一些遗传基因，致使其性格懦弱。对于这种情况，家长可以在后天给他提供更多沟通、交流和阐述的机会。

如果孩子在生活中经常遭到拒绝，他在探索方面就会变得越来越胆小。例如，孩子想要什么，家长总是说"不行！""不能碰！""不可以！"或者他想摸某个东西的时候，家长立刻阻止："脏！""臭！""乱！""差！"这类话听多了，孩子可能就会对探索慢慢失去信心。而孩子一旦失去信心，再见到新奇的事物时就会害怕。

尤其要警惕"语言暴力"。许多家长总是希望孩子更优秀，会不断地用语言刺激孩子，逼迫孩子进步，说孩子这个不好那个不好，那么孩子从此就会变得优秀吗？并不是的，孩子只会越发自卑和胆小，从而磨灭本就不多的自信心，最终失去自我。

胆小懦弱的性格往往伴随孩子的一生。家长平时要特别注意自己与孩子沟通的语言和行为，避免给孩子制造不良的生活环境。家长一旦发现孩子有胆小的问题时也要及时引导，帮孩子找回自信。

1. 合理简单地解释恐惧现象

害怕的情绪经常是因为孩子的认知水平还不能解读害怕对象而产生的，最根本也是最好的方法就是帮助他们逐渐了解身边的各种事物和自然现象。例如对于闪电打雷，家长可以告诉孩子这是一种自然现象，只要我们所处的环

读懂孩子，才能成就孩子

境是安全的就没有问题等，家长的态度会让孩子感知到令他恐惧的东西并没有想象中那么可怕。

2. 承认他的恐惧感

孩子害怕的东西在你看来可能很傻，也没有道理，但对他来说，却非常真实、严重。

当孩子告诉你他害怕的东西时，如他说床底下有妖怪时，你不要嘲笑他，要让他感觉你明白那种害怕某个东西的感受。如果你表现得让他非常放心和安慰，他会明白感到害怕没有什么，但最好是去战胜它。

3. 给孩子充分的安全感

一句安慰、一个拥抱、一个吻，都是缓解孩子害怕心理的良药。当他感受到恐惧时，说明此刻他极度缺乏安全感，而你及时的安慰和呵护可以降低他恐惧的程度。

亲子之间这种亲密无间的关系可以帮助孩子建立安全感，使他的内心充满爱和快乐。若父母不在孩子身边时，其他家人可以为孩子寻找一个他熟悉的安慰物，利用孩子喜欢的东西来安抚他的情绪，这些物品可以让焦虑的孩子安定下来。

4. 和孩子一起解决问题

如果孩子怕黑，你就在他的房间里点一盏灯。你也可以试试用其他方法来消除他的睡眠恐惧，例如指定一个卫兵（用一个孩子喜欢的毛绒玩具代替）、洒点"驱魔水"（用喷壶里的水代替）或者告诉他一句能把"怪物"拒之门外的"咒语"等。经过一些尝试后，你和孩子一定会找到锻炼胆量、克服恐惧的办法，只是你不要指望他马上就能克服所有的恐惧，这个过程可能需要几个月，甚至长达一年的时间。

读懂孩子，才能成就孩子

正视孩子的叛逆，让他们感受到最大的包容和理解（3～15岁）

一、孩子叛逆或不听话，背后藏着小秘密

叛逆期是每个孩子都会经历的阶段，也是孩子成长的一个重要标志。一般来说，孩子的成长过程中会经历三大叛逆期，即宝宝叛逆期、儿童叛逆期和青春叛逆期。在这几段时期，孩子的独立意识和自我意识觉醒，会变得不听话、爱顶嘴等，让大人颇感烦恼。这里，我们重点说的是儿童期的叛逆问题。

其实，在孩子所有叛逆行为的背后都隐藏着他未被父母看到的需求。

1. 孩子暴躁

有个男孩升入初二以后，脾气变得暴躁了许多。有一次，妈妈顺嘴问了一句："作业写完了吗？"男孩居然没好气地回怼："我不写完，你给我写吗？"吓得妈妈赶紧闭了声。

晚上，妈妈觉得有点饿，就拿了一袋零食在客厅里吃起来，没想到惹恼了正在房间里写作业的儿子。只见他跑出来，大吼一句："大半夜的，还让不让人写作业了！你吃东西嘎嘣嘎嘣响，吵死了！"

读懂孩子，才能成就孩子

孩子为什么会变得这么暴躁，一言不合就闹情绪？出言不逊、顶撞父母，甚至动手、离家出走等似乎都见惯不怪了。其实，叛逆期的孩子不光是年龄增长，心理方面也处于"断乳期"。此时的他们渴望尊重，向往自由，并尝试摆脱父母的束缚。以往说教或强势的教育方式已经行不通了。

（1）平时与孩子相处时，别总拿孩子当"宝宝"。尤其是叛逆期的孩子，家长要与之处在平等的位置上，给予孩子足够的尊重和自由空间，才有可能被孩子接纳和认可。

（2）当孩子情绪暴躁时，家长要先冷静下来，千万不要与之硬碰硬，更不要试图去证明或纠正孩子的错误，否则只会让情况变得更糟，甚至一发不可收拾。

（3）等孩子情绪平稳后，再对其表示理解和安抚。柔软的处理方式更容易让孩子审视和反思自己的行为。孩子不认错也不重要，家长只需给他建议——接下来怎么办，然后根据需要给予他一定的支持。

2. 孩子厌学

当孩子出现厌学情绪时，家长要避免用极端的方式处理：不要强制打消孩子的念头，强迫其上学，甚至打骂他。否则，不仅会让孩子更加厌恶上学，还会使亲子关系消磨殆尽，最终得不偿失。

了解孩子厌学背后的动机。很多孩子无心上学，可能是因为被其他事物吸引，比如贪玩网络游戏、沉迷手机，甚至是情感方面受挫等。家长要引导和帮助孩子解决问题，孩子自然就不会再厌学。

有很多孩子因受家庭影响无法面对学习上巨大的压力，而产生厌学心理。作为家长，我们需要自我反省，降低要求或预期，因为放弃学业是最糟糕的选择。

3. 孩子沉默

在一次家庭教育指导师课程的学习分享中，有位家长说过她的经历：

刚上六年级的女儿对我的亲近和关心显得非常不耐烦。我本想建立亲子特殊时光，女儿却一口回绝，说这是浪费时间，浪费生命。

女儿结束假期返校前，我不过是多嘱咐了两句，提醒她把东西都带上，结果女儿一声不吭，提起书包就走，还"砰"的一声把门带上，留下一脸惊异的我和我为她准备的大包小包的东西。

从这位妈妈所讲述的情况来看，她的思想还是比较民

读懂孩子，才能成就孩子

主的，态度也是比较和善的。但为何孩子对妈妈的示好会沉默以对，甚至充满排斥呢？其实，孩子内心在呐喊："你根本不在乎我的感受！"妈妈总是以自己的方式向孩子表达爱，却忽略了孩子真正想要什么。这就应了那句话"有一种冷叫妈妈觉得你冷"——只要我觉得对你好的，你就得接受。

孩子不愿意与家长亲近，不愿意和家长沟通，主要是因为孩子认为这种沟通方式无效。其实归根结底，是家长在潜意识中仍然希望通过这种方式去控制孩子。

家长对孩子付出的爱本是无私的，但是只有得到孩子的认可，才能有回应，才能在孩子的身上产生正面的作用。真诚而非伪装，建议而非说教，肯定而非批判，这样才能让孩子愿意与你亲近和交流。

切记，叛逆期不是孩子成长的"危险期"，而是修补教育缺失的"黄金期"。面对来自孩子的挑战，家长要抓住机会，平时多学习充电是必不可少的。

二、孩子脏话连篇，可能是"模仿"在作怪

生活中，不少孩子会说脏话，只不过有人说的时间短，

有人持续的时间长而已。孩子为何会喜欢上说脏话呢？这些脏话，真的是他们在骂人吗？其实，孩子的这种行为很可能只是在模仿别人，他们只是觉得好玩而已，家长根本不必大惊小怪。

佳佳刚上小学没几个月，我发现从他嘴里时不时地就会冒出一两句脏话。刚开始时，我很震惊，不知道佳佳是从哪儿学来的。

有一次，亲戚家孩子小宇来家里找佳佳玩。由于小宇长得胖乎乎的，佳佳直接就喊她"猪猪"。小宇的小脸唰地就红了，但内向害羞的小宇只能默默接受佳佳没有礼貌的讽刺性称呼。佳佳和小宇一起玩赛车的游戏，他们各拿着一个小汽车遥控器，看谁的小汽车跑得快。小宇没怎么玩过遥控车，总是输给佳佳。每当小宇输了的时候，佳佳都会说："哎呀，你是个大笨猪。"

一天晚上，已经过了上床睡觉的时间了，佳佳还赖在沙发上看电视。爸爸走过来，对佳佳说："儿子，不要再看电视了，该去睡觉了。"谁知，佳佳张口就说："我就要看，你滚！"爸爸没想到孩子居然敢骂他，一把拉起佳佳的胳膊就往卧室里拖。佳佳又怕又气，他在爸爸的大手下挣扎

读懂孩子，才能成就孩子

着，嘴里还不断地哭喊着："大坏蛋，爸爸是大坏蛋！"

"你再说爸爸是坏蛋，我就打你了。"尽管爸爸这样说，但是佳佳仍然没有停止说脏话："你就是大坏蛋，大坏蛋……"

佳佳经常这样出口成"脏"，别人越不让他说脏话，他说得越起劲，即使被教训一顿，也无济于事。对此，我和他爸爸都无可奈何，不知道怎么办才好。

听到孩子说脏话，父母不要大发雷霆，更不要把孩子狠狠打一顿，禁止他以后说脏话。否则，不仅无效，孩子反而还会变本加厉。

每个孩子都有一个喜欢说脏话的时期。细心观察，或通过对身边父母、朋友的聊天，我们不难发现，绝大多数的孩子说过脏话，甚至还可能会沉浸在说脏话的兴奋和愉悦中，尤其是男孩子。

既然这样，我们就可以把孩子说脏话看作一种常态，或者说这是每个孩子都会经历的一个阶段。

科学研究发现，随着孩子的成长，他们会迎来一个"语言爆发期"，在这一阶段，孩子的词汇量呈爆发式增长，在沟通交流的时候也更加愿意表达。在这个过程中，孩子会积极模仿大人在生活中常用的语句。如果孩子发现大人有说脏话的行为，就会对说脏话产生好奇心，并加以模仿，这就导致孩子出现了说脏话的行为。所以，在孩子的语言爆发期，父母一定要规范自己的言行，不要让自己说脏话的行为影响孩子的一生。

孩子的模仿能力是十分强的，他会把自己在日常生活中见到的场景记在自己的脑海中，在特定的情况下将其演绎出来。例如孩子在外面玩耍的时候，看到街坊邻居在吵架，双方在争吵的过程中骂出了一些不堪入耳的字眼。孩子在一旁围观的时候，可能就会将这些语句记在心里，然后当自己和别人发生争执时就把这些脏话说出口。所以孩子说脏话的行为可能是受到了周围环境的影响。

学习语言最重要的一种方式就是模仿，因此孩子会模仿他所能听到的任何话，当然也包括粗话、坏话，虽然有时候他并不知道这些话的真正含义。

1. 孩子爱说脏话的负面影响

（1）孩子难以交到朋友。如果孩子经常说脏话，在人际交往的时候就会吃亏。因为没有哪一个父母会让自己的孩子跟一个爱说脏话的小朋友玩耍，怕爱说脏话的小朋友

读懂孩子，才能成就孩子

对自己的孩子造成不良影响。所以这些孩子在家里都会受到父母的暗示警告，不要和爱说脏话的小朋友和爱打人的小朋友在一起玩。如果孩子经常说脏话，那么他在学校里就很难交到知心好友。

（2）孩子不受老师和家长的喜爱。经常说脏话的孩子，在老师和家长的眼里就是一个"混世小魔王"，不仅爱惹是生非，还经常出口成"脏"，所以很难受到老师和家长的喜爱。人们更喜欢彬彬有礼、温文尔雅的人。如果张嘴就是脏话，这样的人只会让人敬而远之，不愿意与之有过多的接触。

2. 孩子说脏话，家长该如何应对？

（1）忽略、冷处理。实际上，当小孩子说脏话时，他们并不知道这些话是骂人的，也不知道是什么意思。很多孩子之所以喜欢说脏话，很大程度上是因为父母对他的脏话有回应，而且反应激烈。而一旦父母对孩子说脏话的行为表示"没听见"，采取了忽略、冷处理的方式，那么孩子感受不到特别的乐趣，自然就不会再去说脏话了。

（2）用中性词替代。当孩子出口就是"你是臭狗屎""打死你"等这样的脏话、狠话时，父母可以给孩子一些替代词，如告诉孩子，你还可以这样说"你是个茄子""你是个大南瓜""打你个番茄炒鸡蛋"。也许当你跟孩子说这些替代词时，他们已经开始哈哈大笑了，这样做不仅可以避免一场冲突，还可以促进亲子关系。

（3）找到孩子说脏话的源头。孩子天生就爱模仿，他们从一出生就开始观察这个世界，模仿这个世界。孩子嘴里说的脏话肯定也是模仿他人的，有可能是在家里、幼儿园、动画片或者其他场所听到某些人说了脏话，他就学了起来。作为家长，首先要以身作则，不说脏话，尤其是当孩子在场时，一定要尽量避免骂人的口头禅。

（4）创造好的语言环境。家长一定要给孩子树立一个好的榜样。言传不如身教，作为孩子的监护人，家长一定要及时提醒孩子不要说脏话，给孩子营造一个良好的语言环境。当孩子想看动画片或者其他节目时，家长一定要提前做好筛选，避免屏幕上出现不健康的内容，家长最好能陪着他看，这样就可以了解孩子的某些话语是在哪里学的，然后对症下药。

读懂孩子，才能成就孩子

三、孩子爱撒谎——应及早遏制，不要让他逃避责任

对于孩子的撒谎行为，很多家长一定心有余悸：

他明明没有写作业在玩手机，偏偏要说自己写完了；

他在学校说肚子痛要请假回家，在家里却活蹦乱跳；

他上桌吃饭就说自己肚子饱吃不下了，一看到零食就两眼放光；

......

朋友说，孩子犯的也不是什么大错，可他偏偏选择隐瞒，怎么说都不改，真担心这样下去孩子会成为"说谎精"。

现实中撒谎的孩子不在少数。

面对这样的孩子，有的父母会善意引导，有的会严厉批评，还有的甚至会责骂和体罚。

孩子撒谎，这事可大可小，家长既要教育孩子，更要走入他们的内心，探究这一行为背后的深层原因。

从心理学角度来说，撒谎是孩子成长的必经之路。家长在第一次听到从孩子口中说出和事实不符的话时，都会产生这样的疑惑：这么小的孩子，怎么就会说谎了呢？从

哪里学的？紧接着，家长会怒气冲冲地质问孩子，如果孩子辩解，家长甚至会打他一顿。其实，撒谎并没有那么严重，它在一定程度上是孩子"长大了"的证明。

孩子说谎的原因有很多，家长要具体分析孩子说谎的心态和动机，针对不同情况采取不同的态度。孩子 6 岁之后，自我意识越来越强，思维方式日趋成熟，就会出现有意识、有目的性的撒谎行为。但家长也不必为此太过担忧，因为孩子的撒谎行为会随着孩子的成长及其认知水平的提高而逐渐得到改善，家长不必为此责难孩子。

1. 谎言是孩子心声的另一种表达

其实，谎言也是孩子的一种心声。家长可以借此机会审视自己的教育方式，了解孩子的内心情感和需求，从而及时采取相应措施，帮助孩子健康成长。大多数时候，孩子撒谎是为了逃避责罚，如：自己闯祸了，撒谎说是别人干的；考试没考好，谎报自己的分数。

正如哲学家罗素所说："孩子不诚实几乎都是恐惧的结果。"这种情况，通常是因为家长平时对待孩子非常严格，尤其是孩子犯错、表现不好的时候，家长习惯简单粗暴地责罚孩子。若说实话需要付出代价，孩子自然会选择撒谎。

读懂孩子，才能成就孩子

2. 正确应对孩子的撒谎行为

家长需要改变自己对待孩子的方式，在孩子犯错时，不要过于苛责孩子，重点放在帮助孩子认识错误，做出弥补。家长要让孩子明白，犯错没有那么可怕，他才会有诚实面对错误的勇气。

（1）不要随意给孩子贴标签。孩子的说谎行为往往并不是为了故意伤害他人，父母不要轻易将孩子的说谎行为与品质画等号，不能因为孩子某一次的谎言就给孩子定性，给他贴上"小骗子""谎话精""吹牛大王"等标签。这样做不但对孩子改掉说谎的毛病没有任何帮助，反而对孩子的说谎行为起到了负强化的作用，可能会促使他今后更多地说谎。

（2）帮孩子区分现实和想象。孩子说谎并不都是有意的，尤其是年龄小，想象力、创造力丰富的孩子更容易进行想象型撒谎。父母在日常生活中要注意告诉孩子什么是真实发生的，什么是想象的，让孩子逐渐把现实和想象区分开来。父母怀疑自己的孩子说谎时，首先应该进行仔细调查、了解，搞清楚孩子是不是真的在说谎，如果没有搞清楚事情真相就草率下结论，可能会造成亲子关系的紧张。

（3）弄清孩子说谎的原因。当孩子预料事情会有负面后果而说谎时，父母应了解孩子的需要，制定更实际的规则。另外，有些孩子会因为跟父母的接触机会少，所以用说谎的方法去争取父母的关注。父母平日应加强与孩子的沟通互动，多了解孩子的想法，让孩子感受到父母对他的关爱与注意。

（4）将计就计，将谎言转化为智慧。家长可能没有想到，孩子的谎言背后还孕育着智慧的种子。对于孩子而言，说谎，尤其是幻想性说谎是他们想象力发展的最好见证。只要家长根据孩子说谎的情况区别对待，并进行恰当引导，孩子的说谎就不再是令家长头痛的问题。

（5）让责罚变得更有策略一些。当孩子做错事，为逃避责罚而说谎的时候，家长不要过分严厉，否则会给孩子造成很大的心理压力，也不能立竿见影地改变孩子的说谎行为，相反还可能让孩子更加依赖说谎来逃避责罚。智慧的家长可以利用孩子的这次错误"做文章"，既让他明白自己的错误，又不失时机地利用说谎行为开发孩子的智力。例如，家长可以直截了当地指出孩子的错误，温和地提醒他以后不要犯同样的错误，然后给他提出要求：你可以通

　　　　　　　　　　　　　读懂孩子，才能成就孩子

过其他方式弥补自己的错误行为。

（6）给孩子补救的机会。如果孩子出现行为性说谎，家长就要给孩子提供补救方案以及实施方案的机会。这样，既可以让孩子自省，也可以通过给予孩子设法补救方案的机会，让他们开动脑筋自己解决问题，养成自己对自己的错误行为负责的习惯。例如，孩子拿了别的小朋友的玩具回家，妈妈可以让孩子自己思考，应该采取什么样的方式来弥补自己的错误。

四、孩子变成小霸王——不迁就，给孩子更多的陪伴

孩子的霸道行为都是以自我为中心的表现。以自我为中心是儿童初期自我意识发展的一个重要阶段。随着孩子自我意识的萌芽，孩子开始以自我为中心观察世界，认为周围的人和事物都跟自己密切相关，会从"自我"出发来进行行为选择，而忽视他人，从而产生霸道行为。比如，孩子执着于自己要的东西或想要做的事情，忽视别人的意见。

小区公园里，小女孩李琦带来了一辆遥控汽车，小男孩小宝见了也要玩。李琦不同意，小宝就上手抢，李琦赶紧跑到妈妈那儿告状。

小宝就像一头发怒的小狮子，将遥控汽车使劲摔到了地上，边跺脚边喊："让你告状！让你不给我玩！"

案例中的小宝就是典型的小霸王型孩子。他想玩小女孩的遥控汽车，不管小女孩是否同意，就抢过来自己玩。

这种类型的孩子在幼儿园里会争抢玩具，霸占滑梯、秋千，稍不如意就会情绪失控。他们的自我控制能力和挫折耐受力比一般孩子差，常因一件小事就产生强烈的愤怒情绪，甚至做出一定程度的暴力行为。

孩子如果总是占便宜，总有一天是要吃大亏的。此外，孩子如果长期骄傲自大，非常霸道，渐渐地，孩子就会变得心胸狭隘，不懂得礼貌待人。幼儿园中，霸道的孩子很难交到好朋友，上学后也不能顺利融入集体。孩子的这种霸道行为对孩子的健康成长并没有好处，时间久了，周围的同伴就会慢慢远离他，不再愿意和他玩。这不但会影响孩子的学习，也会使孩子变成"孤家寡人"，很难得到他人的认可和支持。

读懂孩子，才能成就孩子

1. 孩子为何变得霸道?

（1）孩子自我意识强烈。自我意识强烈的孩子更愿意表达自己的意愿，展现自己独特的个性。有的孩子自我意识很强烈，做什么事情都喜欢以自我为中心，特别是在集体生活中。这类孩子希望别人能够服从自己，一切都听自己的，当这种欲望变得极为强烈时，就容易产生霸道的行为。

（2）缺少与同伴交往的机会。在现实生活中，很多家长忙于工作，没有更多的时间陪伴孩子，也有可能孩子一直都是由外公外婆或爷爷奶奶照顾，老人交际圈子并不大，使孩子缺少与同伴交往的机会。长此以往，孩子不知如何与别人相处，不会与别人分享，自然就变得越来越自私、霸道。

2. 孩子霸道，家长应如何引导?

（1）不予理睬，进行冷处理。当孩子无礼时，家长婉言相劝仍然无效时，家长可以把孩子放在一个安静的无人区域中，但要注意孩子要在家长的视线范围内。在这种情况下，家长可以不理会孩子的哭闹行为，并且在不会使孩子太难堪的情形下，坚决采取这种冷处理的做法。等孩子的情绪稳定后，家长再尝试与孩子沟通，并告诉他不能霸道的理由，让孩子慢慢了解自己的霸道行为是不对的。

（2）从小培养和孩子讲理的习惯。对于霸道的孩子，家长平时要学着每一件事情都要和孩子讲理，让孩子慢慢了解和接受。如果孩子年龄小，家长也不必强求或过分期待孩子接受，因为孩子每天都在成长，随着孩子身心的不断发展，孩子会学得较为讲理。但建议家长不要"以霸治霸"，以免误导孩子，以为霸道可以解决一切。

（3）跟孩子一起商量。对于孩子霸道的行为，家长事先可以和孩子共同商定原则，让孩子了解和赞同原则后，就要坚持且确实执行原则，在这个过程中家长要做到不可轻易妥协。尤其在遇到危险的紧急情况、会伤害到孩子的身体时（例如，触摸电插板、热水等危险物品），家长可以用强硬的手段立刻禁止这种行为，然后立即与孩子解释"不行"的原因。这时候家长教育孩子态度要坚决，不要随意向孩子妥协。因为，家长一旦妥协，孩子就会故技重施，或者变本加厉。

（4）帮助孩子建立人际关系。霸道的孩子只考虑自己，不会考虑到人际关系，因此在孤单的环境里，霸道的行为会显得更为强烈。家长要多带孩子参加社交活动，如参加孩子

读懂孩子，才能成就孩子

同伴的生日会、聚会等，因为在和别的孩子共同分享的过程中，可以让孩子学习到并明白施与受的关系，进而反省并改正霸道的行为，建立良好的人际关系。

（5）让孩子接受挫折，知道遵守规矩。当孩子在公共场所表现出无理、霸道时，家长可以让他接受一些挫折。在别人批评他时，家长只做一个旁观者，而不要代替他认错，事后再向孩子说明他错在哪里。在这个过程中，家长不必担心孩子受委屈，因为只有知道遵守规矩了，他才会明白自己应该做一个受欢迎的孩子。

五、孩子给他人起外号——爱开玩笑不是错，但要把握好分寸

在孩子们相处的过程中，会发生很多问题，有些孩子调皮捣蛋，喜欢给他人起外号，甚至有的外号具有侮辱性，很容易对他人造成负面影响甚至伤害。对此，家长应该积极关注孩子的状态，当发现有人给自己的孩子起外号并且已经对孩子产生了不良影响时，父母就要积极干预，了解事情的真相，并给予安慰，引导孩子提升自我认知，告诉

孩子：同学之间可以开玩笑，但要把握好度。

昨天，小宝跟爸爸说，他们班的"胖墩墩"跟同学打架了。

爸爸好奇地问他："胖墩墩是谁？"

小宝说："就是那天参加活动的×××……"

爸爸想了一下，立刻就记了起来。在他眼里，那是一个很可爱的孩子，看起来也很温和，不像会和同学打架。

后来爸爸才知道，事情是因为小宝为同学取"绰号"惹起的。爸爸告诫小宝说："以后你不要给同学取绰号了，要尊重别人，学会换位思考。"小宝爽快地答应了。

我们知道，取外号是孩子用来显示自己的威风、嘲笑别人的手段，在某种程度上影响了孩子之间的和谐。所以作为家长，我们应该教育孩子，当发现自己的孩子给别人取不雅外号时就要进行干预。

外号大多是出于亲昵、开玩笑、憎恶或夸大他人体形方面的特点而给他人起的非正式的名字。一个恶意的外号能伤害他人的心灵，让他人变得自卑，给他人带来心理伤害。父母可以让孩子切身体会恶意外号的感受，不要让孩子小看这件事。

关于同学之间取外号的问题，父母要告知孩子：外号并非全都是恶意的，但是如果故意给他人起不雅外号，不分场合随意喊他人的外号，这在本质上就是取笑他人、不尊重他人的表现。

1. 孩子为何会给同学起外号？

（1）彼此之间关系亲切。很多孩子认为自己和对方关系亲切，就想给对方起一个特殊的称呼，出于这种心理，往往就会忍不住为他人起外号。这种起外号的初衷往往是善意的，外号中往往会包含一定的温情。

（2）纯粹为了好玩。孩子天性调皮，喜欢有趣的事物，尤其是当看到某些孩子的名字比较奇怪时，他们往往忍不住为对方起外号，有的外号甚至具有侮辱性。但是这类孩子往往品行并不坏，他们起外号的初衷只是为了好玩。

（3）自己和对方关系很差。孩子彼此相处难免会出现各种问题，如果两个人之间的关系很差，一方很有可能会恶意诽谤另一方，故意给对方起侮辱性的外号，通过这种方式来发泄自己内心的不满。

2. 孩子被起外号，会受到哪些影响？

（1）孩子的自尊心会受到伤害。每个人都有自己的感受，尤其是在孩子遭遇到被他人起侮辱性的外号时，他们往往认为对方看不起自己，会大大打击孩子的自信心，伤害孩子的自尊心，严重的可能会让孩子丧失面对未知问题的勇气。

（2）影响孩子的人际关系。很多孩子不喜欢别人给自己起外号，当听到别人叫自己的外号时，孩子往往会忍不住和对方争执，甚至会扭打在一起，这样会严重影响孩子的人际关系。

（3）给孩子造成心理阴影。很多孩子的心理承受能力较弱，尤其在面对其他孩子给自己起的恶意外号时，他们往往会认为自己很差，完全看不到自己的优势所在，从此在心里留下阴影，以后遇到任何问题时，只会躲躲闪闪，不敢直面生活中的困难。

3.孩子给别人起外号，家长应正确引导

（1）了解事情的真相。当发现孩子给同学起外号时，家长不要一上来就批评教育，而应该给予孩子更多"申述"的机会，让孩子讲清楚事情的来龙去脉，以便自己进一步了解事情的原委。在孩子进一步陈述事实的过程中，家长应该学会闭口不言，不要急着发表评论，从而让孩子顺利

读懂孩子，才能成就孩子

且毫无保留地将事情的真相说出来。

（2）肯定孩子，增强孩子的自信。当发现孩子给别人起外号，很多家长对孩子一味批评教育，希望孩子能认识到自己的错误，可孩子更需要的是家长的正确引导和教育，因此家长可以试着给孩子释放正面的信息，让孩子在看到自我优势的同时，也懂得尊重他人。

最后，家长要和孩子、学校及时沟通，如果发现孩子有给他人起外号的现象就要及时制止，引导孩子学会尊重他人。父母要告诉孩子：尊重他人，不要拿别人的缺点开玩笑，要学会多学习他人的优势、长处。父母要让孩子明白：你在尊重他人的同时也在尊重自己，要做一个让自己受欢迎的人。

六、孩子跟大人"顶嘴"——你的溺爱会让孩子不知悔改

孩子在成长的某一阶段，会突然喜欢上"顶嘴"，爱说反话，家长让这样做，他们偏要那样做，让家长很生气。其实，孩子出现"顶嘴"的情况都是有原因的，家长一

定要慎重看待。

最近，妈妈发现，4 岁的小爱学会"顶嘴"了。不管妈妈说什么，小爱总喜欢跟她对着干。例如，有时小爱会随意地把玩具丢到地上，妈妈让她把玩具收拾整齐，放到玩具箱，她会来一句："我就是这样，怎么着？"一转身她就去玩自己的了。妈妈还在生气，她却自娱自乐，玩得很开心。

有一次，妈妈让小爱和她一起读故事书，她却把小手一挥："我才不想读故事呢！"说完她就迈开小脚丫，跑去看电视了。妈妈发现小爱现在特别喜欢"顶嘴"，让她往东，她偏往西，这是怎么回事呢？妈妈向朋友讨教，朋友说孩子都有这个阶段，让她不用担心。

研究表明，孩子喜欢"顶嘴"，大都是由家长过于溺爱造成的。家长对孩子言听计从，从来不会持反对意见，孩子就养成了以自我为中心的习惯，当他们不想听家长的话时，就会出言不逊顶撞家长。

孩子爱"顶嘴"虽然很正常，但是家长也要及时纠正，不要让孩子养成坏毛病。家长还要找到孩子"顶嘴"的原因，与孩子好好地沟通，引导孩子的日常言行，让

　　　　　　　　读懂孩子，才能成就孩子

他们能够健康地成长。

1. 喜欢"顶嘴"的孩子通常有什么心理?

（1）孩子觉得家长的做法不公平。孩子喜欢"顶嘴"，可能是觉得家长的做法不公平，或者答应了孩子的事情没有做到，对孩子来说家长失去了信服力，他们再也不愿意听家长的话了。当家长对他们有要求时，他们就会以"顶嘴"来反对。

（2）孩子觉得受到误解。如果孩子受到了家长的误解，在家长那里受了委屈，他们的内心受到伤害，也会用"顶嘴"的方式来表达自己内心的不满。

（3）孩子对家长不服气。很多家长要求孩子做到的事情自己却做不到，对孩子提出各种高要求，却对自己低要求，孩子对家长的不满增加，也不服气家长的做法，对家长的命令式要求比较反感，就会"顶嘴"。

（4）孩子觉得家长太霸道。家长总是以高高在上的姿态来要求孩子，显得很霸道，而不是通过讲道理来说服孩子，孩子也会有逆反心理，往往不愿意听家长的。

（5）孩子觉得家长爱打击人。有的家长总是看不到孩子的优点，总是说孩子的各种不对，让孩子比较厌烦。经常受到家长打击的孩子就会对家长"顶嘴",因为家长不顾及他的感受。

（6）这是孩子内心的成长诉求。孩子时刻在长大，也会有自己内心的成长诉求，如果家长一贯以自我观念来对待孩子，孩子感受不到家长对自己的尊重，就会觉得自己的权利被家长侵犯了，于是会通过"顶嘴"来寻求心理平衡。

2. 孩子顶嘴，家长该如何正确对待？

遇到孩子顶嘴的情况，家长要理智对待。家长除了改变自己对孩子的态度，也要注意孩子的内心渴求，不要成为孩子成长道路上的阻力。

（1）尊重孩子的意愿。每个人都有自己的思维，是一个独立的个体，孩子虽然小也需要被尊重，父母不应将自己的想法强加给孩子。随着孩子不断长大，他们的独立意识和自我意识会加强，而父母的掌控欲越强，他们越渴望挣脱，越不想按照父母的意愿做事。因此如果父母态度强硬，就会加剧这种对抗。

（2）平复情绪后再教育孩子。孩子的态度和顶撞父母的行为经常会让父母怒火中烧，在这种情绪影响下，双方

读懂孩子，才能成就孩子

很难进行良性沟通。为了避免这种情况，父母要尽量控制自己的情绪，等情绪平复之后再与孩子沟通。研究表明，当父母冷静理智地与孩子沟通时，孩子更愿意接受，"顶嘴"的情况也会减少。

（3）耐心倾听孩子的想法。孩子出现"顶嘴"行为时，立刻不分缘由地阻止，会让孩子感觉父母不重视他们的想法，也不在乎他们的感受。长此以往，孩子会逐渐拒绝和父母交流，面对父母的询问也会敷衍了事。因此，父母应该耐心倾听孩子的想法，表现出对孩子的关注和尊重，引导他们与自己达成共识。

第八章

观察孩子的交往行为，读懂孩子究竟想要做什么（3～15 岁）

一、观察孩子与人交往的经历，就能知道他在想什么

孩子的心理和想法，其实很多体现在人际交往中，只要我们留意他们与人交往的情况，就能对他们多一些了解和认识。

情景 1：元旦快要到了，班主任告诉同学们，元旦要开联欢会。同时，他还要求每人准备一个节目，到时候表演给同学们看。几个男孩商量着，打算表演一个小品。他们邀请小军参加，但他不愿意，说自己什么都不会。同学跟他说了好几次，他都没答应，找各种理由拒绝。课间，同学们都在商量准备节目，只有小军一个人抱着书本看。

情景 2：周末据说有动漫展，几个女孩相约一起去看。小霞听说了，也想去看看，却心有顾虑——喜欢动漫的同学家庭条件都比较好，有些人甚至还购买了动漫装饰佩戴。一想到自己的家庭情况，父母在外地打工，爷爷奶奶也没有多少钱，她便放弃了这个想法。

情景 3：儿子的学校离家不太远，走过去，最多 15 分钟。看到有些学生骑自行车上学，儿子也想这样做，想让

父母给买山地车。考虑到他刚上三年级，路上行人多，不安全，妈妈不太愿意。儿子却非要买，甚至还"一哭二闹三上吊"，最后妈妈只好给他买了一辆山地车。

各种各样的交往状态，体现了孩子不为人知的秘密。家长要做个有心人，帮助孩子纠正人际交往中的各种不良心理，使其树立与人交往的信心，以良好的心态与人交往。

1. 怯弱心理

生性内向腼腆的孩子在人际交往中容易出现怯弱心理，他们不善于主动与同学（伙伴）交流，性格孤僻，会莫名其妙地封闭自己的内心，甚至人为地把自己与外界隔绝，生活在自己所"创造"的圈子或编织出的幻境里，是很容易被集体忽视的一类人。这类孩子在小学低年级中分布较多，随着年龄的增长，他们倘若能敞开心扉纠正怯弱心理，也能顺利与人交往。

有怯懦、自卑心理倾向的孩子不敢主动与人交往，家长要多鼓励他们，发现其闪光点。家长要经常当众表扬他们，帮助他们认识自我、肯定自我，树立自信心。

2. 自卑心理

自卑的孩子性格不一定内向，一些孩子由于家境、长相等外在的原因导致其产生自卑感，缺乏自信心。自卑的人不一定能力差，他们往往对自己期望过高或不符合实际，最后导致害怕失败，害怕在社交中表现不佳，因而被人瞧不起。如果不善加引导，自卑的孩子会逐渐丧失胆识、魄力和独特的个性。

3. 自负心理

这种孩子也许能说会道、才华出众，深得老师（或身边成人）的喜爱，在与同学（伙伴）交往时他们趾高气扬、盛气凌人，不会欣赏别人，习惯对别人发号施令。低年级时他们也许在同学中有一定的威信，但随着年级的升高，同学们都不愿意和有这种心理倾向的人交往以及做朋友。

有自负、逆反、倔强心理倾向的孩子往往难以交到朋友，家长要帮助其认识到自己为什么不受欢迎，要勇于承认自己关于这方面的缺点，并从改变自身做起，多与人沟通，听取别人的意见。

4. 逆反心理

这类孩子内心非常想与人交往，希望受到别人的关注，然而他们不懂得交往技巧，结果总是想以一些不好

　　　　　　　　读懂孩子，才能成就孩子

的行为、言语来引起别人的关注，如他们喜欢与人抬杠，会在课堂上故意捣乱（在户外游戏中破坏游戏规则），等等。对任何事情，他们的意见总与人相左，结果也往往适得其反，引起别人更深的厌恶。

5. 倔强心理

性格倔强的孩子在与人交往中爱钻牛角尖，与人较劲，有两种表现：一是由于某种原因认定他人存在某种缺点或犯某种错误；二是被流言蜚语所困，认定所有人都误解自己，因而急于解释和辩白。这种孩子遇到问题时不善于变通，不愿与人妥协，往往造成不可调和的矛盾，决定了人际交往的失败，最后导致朋友越来越少。

6. 忌妒心理

忌妒心是为了抬高自己，达到唯我独尊的目的而对竞争对手产生的一种仇恨心理。严重的忌妒心理会导致个体做出损人利己的行为，从而对他人乃至社会带来危害。

当一个人忌妒另一个人的时候，就不会对那个人友善、热情，两个人的关系必然冷淡。孩子忌妒的对象越多，关系冷淡的对象越多，这就给孩子的伙伴交往带来了极大的伤害。家长要引导忌妒心强的孩子学会控制、排遣自己的忌妒心理，告诉他们"尺有所短，寸有所长"，不如化忌妒为力量，这个方面你不如他，总有其他方面你能超越他。

7. 自私心理

有自私心理的孩子往往因为其蛮横无理、专断而交不到朋友。对于这样的孩子，家长要让其认识到自己的自私表现并意识到这是一种错误的行为，从而改变它，并多关心别人，多为别人提供帮助并不求回报，以此来慢慢改变他的自私心理。

二、孩子是个"话痨"——尊重孩子的表现欲

家有"话痨"娃，是一种什么体验？

自从孩子放假，母子俩有了充分相处的时间，一个3岁孩子的说话热情，简直令她怀疑人生。

"妈妈，我告诉你这架纸飞机是怎么折出来的？"

"妈妈，我们一起玩讲故事比赛，好不好？"

"妈妈，我在楼下看到一个小朋友拿了一把跟我一样的玩具手枪……"

读懂孩子，才能成就孩子

对于这位妈妈的经历我感同身受，相信也有不少父母正身陷孩子的语言"轰炸"的苦恼中，甚至正在苦苦寻找可以让孩子"闭嘴"的办法。

每个孩子在成长过程中都会经历一段"话痨"期，当父母发现孩子突然爆发出强烈的说话欲，不仅喜欢缠着大人说话，还会提出千奇百怪的各种问题，对任何事都喜欢打破砂锅问到底，那么这其实意味着孩子的语言爆发期到来了。语言爆发期通常集中在孩子 3～6 岁，说明孩子在 3 岁前输入了足够的词汇量，他们正通过与人交谈，努力调动脑海中存储的信息。这个时候，父母的配合与鼓励能够帮助孩子快速提升语言运用能力。那些拥有讲故事能力和演讲能力的成年人，若追溯到童年，大都是在语言爆发期释放了足够的语言表达欲。

孩子到了一定的时期，自我表现的欲望会非常强烈，例如孩子第一次叫"妈妈"的时候，全家人欣喜若狂的表情，让孩子觉得原来自己说一句话是这么有效。在后期孩子表达语言时，家长依旧会夸赞孩子，在这样的情绪影响下，孩子就很想表达。其次，也有部分家长在照顾孩子的过程中，不和孩子发生语言交流，孩子为了能和家长进行沟通，就会努力地去说话，表达自己强烈的愿望。

小"话痨"有时并不受人欢迎，讲话不但抓不住重点，还非常啰唆。尤其是当有人在聊天的时候，他们在旁边一直说个不停，像个捣蛋鬼，给人带来不便。即使是孩子，他人无法责怪，但最终的责任也会归咎到孩子的父母身上。经常性的"话痨"会让人直接忽略孩子所说的话，即使有时候孩子说的话很重要，别人也不会听，长此以往，孩子的自信心就会受到伤害，交际圈也会越来越小。

因此，孩子如果出现"话痨"，家长要想办法让孩子改变，或巧妙地引导孩子，让他从"话痨"变成演说家，这样既能满足孩子说话的喜好，又锻炼了孩子的语言能力，让孩子多了一项特长。

1. 锻炼孩子语言的条理性

孩子喜欢说话，就是说话毫无条理性，让人觉得烦躁。这时候家长首先可以适当地引导孩子，如经常和孩子交流，让孩子建立语言的条理性。其次，父母平时和孩子沟通可以选择慢语言，让孩子听得懂，并模仿自己的语句，这样孩子在父母的影响下，"话痨"的情况也会有所缓解。如果孩子已经长大了，可以让孩子多读书、多看、多听，扩充

　　　　　　　　读懂孩子，才能成就孩子

自身的词汇量，并不断增强组织语言的能力，从而提高语言表达的准确性和简洁性。

2. 让孩子自己学会提炼重点

孩子的语言啰唆、烦琐，会让人觉得很烦躁：他说了一大堆，却说不到重点，所以让人厌烦。对此，家长可以引导孩子在说话的时候提炼重点，缩减语句，这样就不会给人一种说话说不到重点的感觉了。

3. 鼓励孩子在人前说话

家长要鼓励孩子，让他敢于在人前说话。通过与人交流，孩子能学习别人表述的方式和技巧，从而改变自身的说话方式。

4. 让孩子"看眼色"

根据对方不同的反应，调整说话的重点和方向，是一种沟通技巧。在人前说话时，家长可以教孩子看他人的眼色。尤其是在和他人沟通时，如果对方明显出现了抵触情绪，孩子就要调整自身说话的重点和方向，让孩子成为一个真正"会说话"的人。

5. 不要打击孩子，要让孩子说

当孩子说话说不到重点还喜欢说话时，家长千万不要打击孩子说话的积极性，否则孩子不仅以后不敢说话，内心还会受到伤害。相反，家长应该教会孩子懂规矩，在什么时候该说话，在什么时候不该说话，这样才能够帮助孩子真正成长。

三、孩子不愿意跟同学合作——培养孩子的团队意识

人是"群居动物"，一个人的能力总是有限的。个人也许可以凭借自己的力量有所成就，但只有和他人互帮互助才能获得更大的成功。从小培养孩子的合作精神，需要得到家长的重视。

一个风和日丽的周末，6岁的小姬与同学们约好，各自以家庭为单位到公园玩。孩子们到了公园，就像一匹匹脱缰的野马，飞奔着寻找自己喜欢的活动。

小姬随着爸爸妈妈走了一圈，终于在搭建城堡的一群孩子旁边停住了脚步。这时，同学小樱喊道："小姬，快来一起玩呀！"小姬没有回应，而是将头转向妈妈。妈妈说："去，跟同学一起玩吧！"

　　　　　　　　　读懂孩子，才能成就孩子

小姬点了点头，去找小组长领积木。爸爸妈妈便在一旁找了一个位置坐下来玩手机。

"我们要一起搭建一个大城堡……"小组长正在跟小朋友们商量搭建大城堡的事情。

这时，小姬自己拿了一些积木，找到一个角落，将积木放在脚下，开始独自搭建城堡。

小樱看到了，走到小姬身旁说："小姬，我们一起搭好吗？"

"不，我要自己玩！"小姬说。

不一会儿，小樱再次来到小姬旁边说："小姬，我想要你脚下那个拱形的积木，我要搭一个门框，你跟我换一个好吗？"

"不，这是我的！"小姬强硬地说，头也不抬，继续搭建着自己的城堡。

小樱只好悻悻地走开了，嘴里嘟囔着："没有拱形积木怎么办呢？"

一旁的妈妈听到声音，转头看了一眼，见到小姬搭建的是一个对称的围栏，刚好缺一块长方形的积木，就说："小姬，你缺一个长方形的积木呢，快跟小樱换一个呀，这样，你们两人都可以搭建漂亮城堡了。"

小樱听到小姬妈妈的话，连忙拿了一块长方形的积木，走到小姬身旁，笑盈盈地说："我们一起搭吧！"

小姬不同意更换，大声地说："走开，我不给你，我要自己搭！"

妈妈一听，既着急又生气，脱口而出："小姬，你太不友好了！你正需要长方形积木，留着那块拱形积木又没有用，你干吗不给别人呢？干吗不与小樱合作呢？笨死了！"

小姬听见妈妈的话，用力将自己所搭建的城堡一下子推倒，低着头走到爸爸身旁说："爸爸，我要回家！"

爸爸妈妈面面相觑，不知如何是好。

孩子不愿意和别人合作，怎么办呢?

孩子不善于与人合作，这确实不是一个好习惯。中国有句老话，团结就是力量。有很多事情是需要几个人齐心协作才能完成的，如果孩子养成了不善于与人合作的习惯，那么这会很不利于孩子以后的发展。

懂得与他人合作的孩子通常拥有开放的心态，能够虚心听取他人的意见并加以实施。这样的孩子知道自己拥有短处和不足且愿意去正视它，这是非常难能可贵的重

读懂孩子，才能成就孩子

要品质。

拥有合作精神的孩子心里装着他人，能够推己及人地考虑问题，照顾同伴的感受。例如当一群小朋友一起做值日时，有合作精神的孩子会主动领取任务并尽力完成，以免其他人因为自己没有做好而受到批评。

如上述所言，合作精神往往伴随着其他一些重要可贵的品质，而培养孩子的这些品质不但能够帮助孩子树立正确的价值观，还能够在生活的方方面面辅助孩子的成长，让孩子终身受益。

1. 孩子不善于与人合作的原因

（1）父母过度宠溺孩子。孩子上幼儿园之后，会需要参加一些团结协作的活动，然而有一部分孩子总是以自我为中心，希望别人都能听他的。现在的大部分孩子，都是被爸爸妈妈宠爱的，谁都不愿意低头，谁都希望别人能够尊重自己的意见，听从自己的安排。试想一下，在这样的情况下，谁又会表现出这种愿意和别人合作的低姿态呢？

（2）孩子缺乏沟通能力。想要进行团结合作，交流沟通的能力最为重要。如果孩子不懂得如何与别人进行交谈，他们自然不愿意去和别人共同完成一件事情。现在很多孩子在成长过程中，爸爸妈妈会替他们安排好所有的一切。更夸张的是，或许孩子的一个眼神，父母就明白孩子想要做什么。在这样的背景下，当孩子参加集体活动时，他们自然不愿意去诉说自己内心的真实想法，不能正确地表达自己内心的愿望。这样又如何去和别人开展合作呢？

（3）孩子畏惧陌生环境。在父母的心中自家的孩子都是自己眼里的宝贝，而孩子长期如此也会形成娇贵的心理。对于他们来说，更加愿意去接触爸爸妈妈所营造出来的快乐环境。而在与别人的合作交流活动中，所接触的环境不仅是陌生的，所遇到的问题也可能是无法预知的。加上有一部分孩子长期生活在父母营造的舒适圈中，对外界的事物存在明显的恐惧心理，不管是做游戏，还是共同合作完成黑板报等，都会让孩子心生恐惧。对于这种情况，家长一定要引起重视，并多带孩子去接触陌生的环境，多参加一些集体活动等，让孩子消除恐惧心理。

2. 家长如何引导孩子树立合作精神

德国文学家歌德曾经说过："不管努力的目标是什么，不管他干什么，单枪匹马总是没有力量的。合群永远是一

读懂孩子，才能成就孩子

切善良思想的人的最高需要。"一个不懂得合作精神的人是无法在社会上立足的。那么，家长要如何引导孩子树立合作精神，懂得合作的重要性呢？

（1）有意制造合作场景，有意分解家庭任务。父母永远是孩子的第一任老师，在孩子上学进入集体生活之前，父母不妨为孩子有意创造一个小型的集体环境。

例如，每周一次的家庭大扫除，父母和孩子可以建立一个三人小组：比如，妈妈负责收拾厨房、洗衣服，爸爸负责擦地、收拾卫生间，让孩子做一些整理玩具、帮助父母进行垃圾分类等需要配合才能完成的工作。这样，通过一个小型的活动让孩子知道，自己也是其中的一个参与者。如果孩子的事情不能及时完成，将会影响爸爸或妈妈下一步的行动。在这种家庭氛围的影响下，孩子能很快学会合作、配合，而且会越做越好，越来越从容。以后，孩子就可以很自然、很积极地参加各类集体活动了。

（2）引导孩子学会尊重他人，发现自己和别人的长处。如果一个孩子不愿意跟别人合作，总是嫌弃别人，那么就会被集体所抛弃，变成"孤家寡人"。造成这种情况的原因有可能是孩子过于自信，认为别人不如自己，没有做到从心理上尊重他人；也有可能是孩子过于自卑，觉得自己什么都不会，在合作中难以体现自己的价值。对于这样的孩子，父母要引导他们不要过于关注自身，一方面不要轻易否定他人，学会尊重及认可他人；另一方面不要轻易否定自己，学会在合作中发现自己的价值和长处。

要想在社会上生存，就必须拥有合作精神。我国哲学家艾思奇曾说过："一个人像一块砖，砌在大礼堂的墙里，是谁也动不得的；但是丢在路上，挡人走路是要被人一脚踢开的。"

（3）鼓励孩子多参与集体活动，学会融入集体。家长在培养孩子的时候要注重让孩子主动参与。比如，家长从孩子刚会走的时候就带他到楼下跟其他小朋友玩，让他自己交朋友，让他自己跟小朋友分享玩具，孩子就不会怕生，就算见到不认识的小朋友，他也能主动搭讪。平时，我们经常能看到有些孩子在楼下跟一帮小伙伴玩得不亦乐乎，看起来像老朋友一样。结果一问，才知道他们也是彼此刚认识。如果孩子生性害羞、腼腆，家长可以帮助孩子一步步来，等到孩子迈出第一步，家长就可以放手让孩子大胆走出去了。

读懂孩子，才能成就孩子

四、孩子恐惧社交——鼓励孩子跟他人相处，不自卑

假期里，同一小区的几个妈妈带上各自的孩子外出旅游。由于孩子们年龄差不多，他们很快就玩在了一起，唯独小女孩拉拉紧紧地依偎在妈妈身边，不敢抬头看人，而且怎么也不肯和其他小朋友玩。

有一个稍大一点的小男孩主动跑过来拉起拉拉的手说："小妹妹，来和我们一起玩丢手绢。"

"我不要！"拉拉迅速甩开小男孩的手，躲到妈妈身后。

"拉拉，跟哥哥去玩吧，你看，大家玩得多开心啊！"妈妈劝拉拉。旁边的一位妈妈也劝拉拉："是呀，拉拉，去和小朋友一起玩吧！"

那位懂事的小男孩没有放弃，绕到拉拉妈妈身后，再一次热情地抓住拉拉的手说："走吧，和我们一起玩吧，小妹妹！"

"不要！不要！我不去！"拉拉突然尖叫起来，狠狠

地推开小男孩，抱住妈妈的大腿哭起来："我要妈妈抱！妈妈抱！"

小男孩吃了一惊，呆呆地在原地站了几秒钟，很无奈地跑开了。旁边的妈妈们有些诧异，拉拉妈妈不好意思地和大家说："孩子平常都是放老家让爷爷奶奶带的，胆子小。奶奶腿脚不方便，很少和孩子出门，所以孩子经常一个人待在家里，不怎么跟外面的小朋友接触。"

"这可不行，这样下去，孩子会得社交恐惧症的。"一位心直口快的妈妈说。

"社交恐惧症？"拉拉妈妈吃了一惊。

什么是社交恐惧症？社交恐惧症是恐惧症的一种亚型，恐惧症原称恐怖性神经症，是神经症的一种。以过分和不合理地惧怕外界某种客观事物或情境为主要表现，这类人群明知这种恐惧反应是过分的或不合理的，但仍反复出现，难以控制。

社交是生活中人们不可缺少的活动，但有的孩子怕见生人，甚至与熟人谈话时都感到紧张、脸红、羞怯，不愿到人多热闹的场合，有时还会口齿不清、口吃、不敢抬头看人。就像上面的拉拉小女孩，害怕陌生人，在人多热闹

　　　　　　　读懂孩子，才能成就孩子

的场合显得非常害怕、紧张。有些人社交恐惧症严重时，在与人交往中会出现惶恐不安、出汗、心跳加快、手足无措等现象。

1. 社交恐惧症的表现

（1）走路低头，不愿打招呼。有些孩子走路时总是低着头，说话时也喜欢躲闪别人的视线，更不敢直面陌生人与他们交谈，或者见到陌生人就心慌耳热、行动不自然等；或者碰见熟人也会表现出假装没看见的样子，不愿意打招呼；或者见到认识的叔叔阿姨，从来不叫，或拽着家长的衣角往身后躲，这时父母就要警惕了，这很可能就是孩子有社交恐惧的表现。

（2）不愿意结交新朋友。孩子在年幼的时候，通常情况下十分乐意结交新朋友，但如果家长发现孩子并没有结交朋友的意愿和想法，总是独来独往，甚至对别人发出的邀请也会表现出拒绝的反应时，家长就要注意了，这很有可能是孩子出现了社交恐惧。

（3）有回避行为。有社交恐惧的孩子大都有回避行为，例如：不愿意与人交流，不愿去自己害怕的场合，不参加集体活动、体育课，总是逃离陌生的环境等；或者即使勉强去到公众场所，一旦有陌生人靠近，就会马上去找父母，和父母寸步不离，或哭喊、发脾气、生气等。这些就是社交恐惧的表现。

2. 为什么有些孩子会有社交恐惧症？

（1）父母过度保护和溺爱。父母过分溺爱娇纵或者过分保护孩子，凡事有求必应，会让孩子失去自己解决问题、处理矛盾的机会，面对挫折时耐挫力低，从而逃避与人交往。对于孩子来说，他们很少有机会接触外面的世界，所以不懂如何与人相处，因此父母一定不能过度溺爱、保护孩子，要让孩子多接触外面的世界。

（2）孩子受自身因素影响。孩子自卑、对自我的认同感不强，害怕自己不够完美，害怕在众人面前丢面子；或者因自我认知水平的偏颇，忽视自己的优势，在意他人给出不恰当的评价；抑或一些失败经历导致孩子产生挫败感和畏惧感，害怕自己在大庭广众下表现不佳或者被当众批评。

（3）孩子的性格原因。每个孩子的性格不同，这与父母的教育有很大关系。若孩子本来就是内向的性格，或者比较慢热，他喜欢待在自己的世界里，不愿与他人接触，

读懂孩子，才能成就孩子

家长也不能强求孩子，否则会让他对社交更加恐惧，而且性格是每个人的特色，没必要为了迎合他人而改变自己。家长需要做的，就是适时地引导，让孩子慢慢放开。

（4）孩子被伤害过。孩子不愿意交朋友还有一种原因：孩子曾经努力想去打开社交圈子，可结果却被伤害了。有些孩子心思缜密、性格敏感，他们就会把这份伤害记在心里，不愿再去尝试。

3. 培养孩子的社交能力

当孩子出现社交问题时，家长该如何帮助孩子培养社交能力呢？

（1）告诉孩子哪些朋友是值得结交的。首先，家长要引导孩子对朋友的认知，让孩子清晰地知道自己想要结交什么样的朋友，什么样的朋友是可以结交的，什么样的朋友是需要远离的。

其次，父母在鼓励孩子和同龄的孩子主动交往的同时，要引导孩子试着和自己不同性格的人交往，这样可以弥补孩子性格上的缺陷，起到互补的作用。这对孩子来说是一种挑战，会给孩子带来突破性和均衡的发展。

（2）鼓励孩子多参加聚会。家长可以带孩子多参与一些有关孩子的主题聚会，让孩子通过聚会找到拥有共同兴趣爱好的朋友。

此外，家长也可以鼓励和支持孩子拓展不同的兴趣爱好，在校内参加不同的兴趣小组和社团，在校外鼓励孩子多参加社区或者亲戚、邻居举办的相关活动，也可以多带孩子到运动俱乐部、公共图书馆、博物馆、公园以及大自然中，扩大潜在的朋友资源。

（3）孩子回避时，家长应恰当引导。孩子刻意地回避其他小朋友要求交往的举动或总是躲在家长的身后，这时家长就可以牵着孩子一起走过去同其他小朋友打招呼，等孩子不排斥的时候，再逐渐引导其融入孩子群体。但要注意的是，家长不要逼迫孩子与他人打招呼或交往，否则只会得到适得其反的结果，让其更加排斥与人交往。

（4）孩子尝试时，家长应给予欣赏和鼓励。当孩子出现与人交往行为的时候，例如第一次主动与小朋友打招呼，此时，家长应当进行及时的鼓励，竖起大拇指，毫不吝啬地赞美，家长的这种肯定行为会让孩子有一种尝试新鲜事物成功后的满足感，使其逐渐变得自信，敢于表达。久而久之，孩子就会越来越愿意与人交往，克

　　　　　　　　　　　读懂孩子，才能成就孩子

服社交恐惧。

（5）多带孩子出去玩。世界那么大，家长可以尽量多带孩子出去走走。有些孩子出现社交恐惧，有一部分原因是与人接触太少，接触的环境太局限。所以家长可以提供多样的环境和机会，让孩子产生主动与人交往的行为，这对其社会适应性的发展非常有帮助。

五、培养孩子的竞争意识，鼓励孩子不懦弱

印度小说家普列姆昌德说过："竞争意识时刻影响着人的一生。"人具有竞争意识，才能在主观上变得更强，所以父母需要重视培养孩子的竞争意识，帮助孩子树立正确的竞争意识，激发孩子对"赢"的渴望，让孩子在竞争意识的引导下，变得更加优秀。

爸爸最近特别愁，因为 6 岁的儿子阳阳极度缺乏竞争意识，不管做什么都不争不抢。课堂上老师提问，阳阳明明自己知道，但就是不举手。阳阳心中好像就没有要争取的想法，完全不想表现自己。如果老师不点名提问，阳阳绝不会主动回答，这一点让阳阳的爸爸非常头疼。

当下，竞争已成为我们生活中不可或缺的内容，不管你喜欢不喜欢，愿意不愿意，我们每天都要面对大大小小、形形色色的激烈竞争。孩子终归要长大成人，离开家长的庇护步入社会，独自在人生角逐场上搏斗、拼杀。作为家长，都希望自己的孩子在竞争中出人头地。

对一些父母来说，"竞争"是一个残酷的事情。他们认为，这会给孩子施加太大的压力。为了保护孩子免于失望，许多善意的家长要么声称每个人都是胜利者，要么完全避免竞争情况。其实，竞争本就是人的本能，因此我们不如顺应孩子的天性，巧妙运用竞争，让他们适应竞争，在竞争中得到更好的成长。孩子安于现状，久而久之势必会被社会淘汰，只有懂得竞争的人才能更好地适应社会。

1. 孩子缺乏竞争意识的表现

（1）不争不抢、怯懦，听天由命。孩子就应该胆大、勇于尝试；"佛系"孩子其实不是早熟或者听话，而是缺乏勇气、内心软弱，不仅不敢争，还对自己进行心理暗示，说自己不想争。

（2）听话、顺从，没有主见。孩子的叛逆心理是扎根

读懂孩子，才能成就孩子

心灵深处的，如果孩子顺从、听话，没有主见，家长就应该注意了。孩子一直依靠家长，自己无法做出决定，那么长大后他在生活上也会经常依赖别人，这样的人是无法在事业上做出一番成就的。

（3）安于现状，不想去改变，自欺欺人，有逃避心理。孩子在生活中容易满足现状，毫无上进心，只想过衣来伸手、饭来张口的生活，不愿意努力改变。这样的孩子就是缺乏挑战心理，遇到问题只会逃避，自欺欺人。

2. 为什么孩子会缺乏竞争意识？

（1）受父母"躺平"思想的影响。一些父母自身缺乏竞争意识，和孩子朝夕相处，就会潜移默化地影响孩子，导致孩子的竞争意识也薄弱。还有一些父母，自身经济条件较好，过度溺爱孩子，经常对孩子说"你开心就好，爸爸妈妈挣钱就是给你花的"之类的话，久而久之导致孩子受到父母的影响，不思进取。

（2）孩子自身害怕失败。有的孩子天生特别惧怕失败，为了避免失败带来的消极影响，他们便选择不去与别人竞争。这可能是因为孩子在之前受到了巨大的挫败，遭到了父母的责骂，再也不敢往前迈出一步了；还可能是因为孩子自身性格很怯懦，不敢做出改变，不敢去竞争。

3. 帮孩子培养竞争意识

竞争是我们必须具备的一种能力，在竞争中我们才能够去成长，才能有所进步。如果总是保持着一种与世无争的心态的话，那么这个人的生活就是没有激情与热情的，生活就是一潭死水。这样的生活只会带给人空虚及无望，处在这种生活环境中的人是不可能有好的发展的。

（1）鼓励孩子积极竞争。很多孩子不喜欢竞争，主要原因是担心失败，害怕在竞争中失败，被责骂或者被嘲笑。这时，家长应该告诉孩子：结果没那么重要，过程才重要。家长可以鼓励孩子参加一些小比赛，让孩子在比赛中意识到"赢"的荣耀和快乐，感受获得成就的愉悦，这样才能让孩子产生拿第一的竞争心理。

（2）让孩子树立正确的竞争观。既然"获胜"不是竞争的根本目的，孩子也就可以专注于竞争本身，用正当的竞争手段去和他人公平比试，而不要投机取巧。家长也可以经常将"公平竞争"的观念灌输给孩子，让他们关注过程，而不要过于关注结果。但是，孩子也不要为了赢得家长、老师的夸奖就随意放弃自己的原则。

（3）引导孩子向竞争对手学习。竞争对手是一面镜子，能照到自己的不足，进而完善自己。学习对手的优点是一种难得的精神。在现实生活中，很多在竞争中失败的孩子往往会流露出不高兴的情绪，会对获胜的一方充满敌对情绪，表现出不再和对方交朋友，甚至怂恿别的伙伴孤立他，这种竞争思想是不可取的。家长应该教育孩子要学会在竞争中宽容，竞争对手并不是我们敌视的对象，而是我们学习的榜样，更多的时候竞争对手也可以成为朋友。因此家长还应该教孩子学会尊重自己的竞争对手，正视自己的竞争对手，和竞争对手进行良性比较，让自己变得更加完美。

（4）帮助孩子面对竞争中的失败。在竞争中，没有常胜将军，更没有哪个人能在各方面都次次取胜。因此父母应该引导孩子正确地对待失败和挫折，让他们知道强中还有强中手。假如孩子失败了，家长也不应该进行指责，更不应该嘲笑。家长可以引导孩子找出自己失败的原因，安静地陪伴在孩子身边，及时给予鼓励与安慰，和孩子一起吸取失败的教训，为下一次的比赛做好准备。

（5）教孩子在竞争中合作。合作精神也是竞争素质的重要方面。竞争越激烈，家长在培养孩子竞争意识的过程中就越要让孩子明白：竞争不排除协作，没有良好的协作精神和集体观念，单枪匹马的"强者"是孤独的，也是不会成功的。家长要告诉孩子，在竞争中得到胜利固然值得骄傲，但和同伴之间的团结协作的精神也是现代生活中不可或缺的品质。家长要让孩子认识到，竞争不是抬高自己、轻视别人，而是通过竞争认识到在集体中各人有各人的长处和不足。只有竞争而没有合作，只能造成孤立，带来同学关系的紧张，给自己平添许多烦恼，对生活和学习都非常不利。

六、孩子总跟人打架——自我意识增强的孩子喜欢攻击别人

有的孩子在与家人或同学、朋友相处时，一不开心就会挥动自己的小拳头攻击对方。不少家长对这样的孩子头疼不已。

那么作为家长的你，有没有想过孩子为什么会这样？

读懂孩子，才能成就孩子

对此有没有什么对策？

小浩自从进入中学之后，经常惹是生非，遇到不符合自己心意的事情就会和同学大打出手。比如，他会因为同学不小心撞到自己而殴打同学，会因为一支圆珠笔就和同学大动干戈，甚至当好朋友与别人发生口角时，他也会出于义气，与对方在校外约架。最严重的一次，他还将对方打得头破血流，情节非常恶劣。

青少年的攻击行为一直受到社会的广泛关注，有研究指出，青少年时期是攻击行为的高峰期，36%的中学生受到过身体攻击。攻击行为不仅对青少年的身心健康、人格发展以及适应社会有着消极的影响，还会增加青少年犯罪的风险。

如果孩子经常打架，家长一定要多留意孩子的心理健康以及他的日常行为举止，因为很有可能他的一些行为已经暗示给家长了，只不过被家长忽略了。

1. 孩子打架的原因

（1）孩子希望得到关注。这种情况的孩子通常缺少关注，如父母平常很忙，陪孩子的时间比较少，所以孩子经常被情感忽视；有些父母一直不在孩子身边，孩子由爷爷奶奶带大，长辈大多只管衣食住行，很少顾及孩子的心理需求。这样的孩子极度缺乏关注，尤其是缺乏来自父母的关注。因此孩子就会用打架这种方法来获得关注，哪怕最终结果是老师叫家长来，它也是获得关注的一种形式。因为孩子知道，利用这种方法，可能会让老师、同学甚至爸爸妈妈更多地关注自己。

（2）孩子启动了自我防御机制。孩子认为获得有效结果的行为只有这一个，当他想要获得某样东西的时候，他就会启动这个机制，用这种方法来获得。为什么会这样呢？有可能是他在家里被打的次数比较多。比如，家长反复强调不能做某事，孩子非要做，最后家长给了孩子一记耳光，孩子立马就听话了。这看起来很有效，因为家长立刻"解决"了问题，孩子也会觉得这个行为很有效，所以他就记下了，一旦他没有得到想要的东西，就会立刻启动打人这个机制。

2. 孩子打架时，家长的正确做法

（1）矛盾放一边，安抚第一位。当孩子打架，特别是自己的孩子打了别人，家长需要在第一时间安抚被打孩子的情绪，并向对方的家长及孩子道歉。但是也不能什么都

读懂孩子，才能成就孩子

不问就开始责怪自己的孩子，要等到孩子情绪稳定了，再对孩子进行适当的教育或批评。

（2）就事论事，让孩子表达愤怒。本着就事论事的原则，当事情发生了，家长需要做的是先了解清楚事情的原委，而不是随便下定论，盲目判断谁是谁非，要给孩子一个讲清楚事情真相、表达愤怒和不满的机会。

（3）无论有意无意，是伤害就要制止。对孩子来说，攻击是一件不好的事情，所以不管孩子有心还是无意，都要为自己造成的伤害付出代价。

攻击行为是一种破坏行为，在任何情况下，对被攻击方来说都是一种伤害。因此，无论孩子实施攻击行为时是无心的还是有意的，都应该制止。

所以，正确的处理方式是及时澄清问题，告诉孩子即使是无意的行为，也会对他人造成伤害，也需要道歉，并对孩子的行为提出合理要求，引导孩子形成良好的行为习惯。

（4）家长要检查自己的言行。避免孩子打架，父母平时的工作也要做到位。除了在孩子打人的当下给予其安抚和教育，在平时，家长也要做到"三省吾身"。

一省：言传身教，你做到没有？家长是孩子最早的老师，孩子很容易向家长学一些习惯，所以家长应以身作则，给孩子选择健康、有意义的影视节目。

二省：孩子心声，你听了没有？听说孩子在外面打了人时，家长不要什么都不问就一顿责骂。孩子打人，有时可能是有正当理由的，因此家长要先问清楚孩子打架的原因，再进行教育。

三省：孩子的处事能力，你信任了没有？孩子打人是孩子自己的事情，所以家长可以试着让他们自己去处理。如果孩子可以独立圆满地解决问题，那么当其长大之后在面对困难时也会从容不迫，不惧不怕。因为处理这样的事情所获得的经验也会成为孩子成年后与他人建立关系及交往的基础。

读懂孩子，才能成就孩子

第
九
章

留意孩子与父母的相处点滴，
提升对他们的认知（1～15 岁）

一、孩子喜欢和父母撒娇 ——认真感受孩子独特的爱

妈妈甲："我女儿冉冉 1 岁多，这阵子开始撒娇了，吃饭要喂，走路要抱，一见到我就立马软得跟鼻涕一样，各种作！"

妈妈乙："我那 2 岁的儿子，现在只要我出现在他面前，他稍不满意就会哭闹，很爱撒娇，经常奶声奶气叫'妈妈'。"

妈妈丙："最近我家娃总是爱说，'孩子要吃肉肉啦！''孩子要睡觉觉啦！'……说话娇滴滴的，以前可不是这样啊，会不会有什么问题呢？"

撒娇是孩子的一种天性。孩子在四五个月大的时候，就已经会撒娇了，此时他们虽然不会说话，不能通过言语来撒娇，却会通过一些肢体动作来和爸爸妈妈撒娇。

孩子向父母撒娇在所难免，这也是亲子情感交流的一种形式，是他们感受爱、表达爱的方式，家长要多一些理解。

孩子都非常聪明，我们不要觉得孩子现在还小，似乎

读懂孩子，才能成就孩子

什么事情都不懂。实际上，孩子撒娇一般来说都是在表达自己的需求，我们完全可以通过孩子的撒娇行为，了解孩子到底想要什么。

1. 撒娇背后的原因

（1）撒娇是一种天然的亲情需求。孩子 6 个月大的时候，身体基本上已经发育好了，一些技能也已经掌握了，孩子此时已经开始有了非常多的表情和肢体动作。而孩子在此基础上所做的身体语言正是在代替声音向爸爸妈妈表达自己的想法。例如，你可以注意到孩子现在会噘嘴，会拍手，在你抱着他的时候会在你怀里一动不动。这些其实都是孩子表达自己情绪的方式，可能代表着他或依赖或高兴或撒娇的想法。有时候，他们这样做，仅仅就是想要向自己的爸爸妈妈表达亲近，对爸爸妈妈表达自己的依恋与喜欢。

（2）撒娇是为了让你答应他的要求。如果你发现孩子平时一直都非常喜欢撒娇，这时候你就要多观察一下孩子了。孩子在撒娇的时候可能就只是想要你答应他一些事情：如果孩子想要你抱抱他，那么孩子在看到你之后可能就会冲着你哭泣，也可能是在你抱了他之后一直在你的怀里不动，也可能是在你要离开的时候，一直在你的怀里蹭来蹭去不想让你走。他可能仅仅是想和你亲近，就会冲着你一直撒娇。孩子在自己有需求的时候，就会通过撒娇这一方法表达出来，父母在日常生活中要多关注孩子的状态。

（3）撒娇是因为依恋父母。孩子天生就会特别依赖爸爸妈妈，有很多孩子仅仅看到爸爸妈妈要离开自己的视线就会大哭，孩子这时候的哭泣是正常的，爸爸妈妈不必大惊小怪。这主要是由于孩子来到这个世界上后，见到最多的人就是自己的爸爸妈妈了。每天抱着他喂奶的人，陪着他的人，跟他说悄悄话的人都是爸爸妈妈，所以如果爸爸妈妈离开了他的视线，他就会觉得非常没有安全感，会感觉自己像是被抛弃了。因此说，孩子的情感是从爸爸妈妈身上获得的，然后才会慢慢丰富，一直到长大成人。所以，孩子小时候向爸爸妈妈撒娇是因为喜欢爸爸妈妈，想和爸爸妈妈更加靠近，不想离开爸爸妈妈。

（4）撒娇是一种快乐的心态。孩子朝着父母撒娇会觉得与人接触是一件非常快乐的事，因为父母往往都很疼爱自己的孩子，会在孩子撒娇的时候温声细语，满足孩子的一些要求，让孩子表现出开心的情绪，并渐渐地喜欢上这

读懂孩子，才能成就孩子

种情绪，于是孩子便会感到满足，也会对这个陌生的世界多一些温暖的认知。也就是说，撒娇会让孩子快乐，获得安全感。

2. 孩子频繁撒娇时家长的正确做法

童年应该快乐地度过，因此孩子撒娇是很正常的行为。但是，孩子适当撒娇是可爱的，过度撒娇的话就会让人讨厌了。因此，如果你的孩子爱撒娇，你也要留意看他是否撒娇过度了。如果孩子频繁撒娇，那么家长该怎么做呢？

（1）区分孩子撒娇的原因，了解孩子撒娇的动机。有些家长觉得，撒娇的孩子更可爱。但是，有时候孩子过度撒娇其实是有目的的，父母要学会区分，了解孩子的撒娇动机，以免被孩子的"表象"所误导。

例如，大孩子看到小孩子有玩具或者一些小吃，他们也希望得到，就会向父母撒娇。如果他们的撒娇只是想得到公平的对待，父母应该欣然接受。但是，如果他不想吃饭、想吃一些不健康的零食或者想一直看动画片，便一直向你诉说，向你撒娇，这个时候，父母就要擦亮自己的眼睛，绝对不能心软。因为，如果他们试过一次得到甜头，他们之后就会纵容自己的这种行为。

（2）家人统一态度，不娇惯孩子。我国实行了多年"独生政策"，这容易导致一个家庭的两代人都围着一个孩子转。孩子不愿意吃饭，或者想得到某样东西，只要撒娇哭闹，许多老人就会忍不住，什么都顺从孩子。

如果孩子通过撒娇达到了自己的目的，那么之后他们就会变本加厉。因为他们会在潜意识里认为：只要撒娇，就能够得到长辈的重视，得到自己想要的东西。所以，在教育孩子的问题上，父母和家里的老人必须要保持统一的态度。

如果长辈是比较溺爱孩子的，父母在教育孩子前，需要和老人做好沟通，希望老人能够尊重自己的教育方式，不能娇惯孩子。父母和老人即便是有分歧，也不能当着孩子的面表现出来。

（3）明知故问也是一种好方法。有时候孩子撒娇，是想掩饰自己的错误，或者害怕家长的责骂。所以，发现孩子有过错的时候，家长去明知故问，也不失为一个好办法。比如，当看见孩子的房间乱七八糟时，你可以明知故问："你还没有来得及整理房间吗？"这是暗示孩子自己做错事情，让孩子意识到问题的所在。有时候明知故问可以使孩子意识到自己的不足，用这种方法代替责骂或者教训，孩子会更容易接受。

二、孩子喜欢拥抱父母——因为他们很爱你

女人在没当妈妈之前，看到软软糯糯的小朋友伸手要抱抱的时候，会觉得很可爱，都会忍不住上前去抱抱他们。其实当孩子求抱抱的时候，是有一定的心理需求的，而如果明白孩子的这些小心思，就能够做到轻松与孩子交流。但在现实生活中，有些父母往往会忽视这些最简单的交流方式。

小刘领着她3岁的儿子去超市购物。在回家的路上，孩子却怎么都不肯自己走路，一直撒娇用软甜的声音跟妈妈要抱抱，小刘耐不住孩子的软磨硬泡，只能一边提东西一边抱孩子，看起来很是疲惫。这次之后，只要孩子不想走路，就会用同样的方法让小刘抱抱，小刘不知道孩子是怎么了，很是苦恼。

其实小刘在孩子第一次索要抱抱的时候没有分析孩子

心理，孩子是很聪明的，当他们知道哭闹可以得到抱抱后，就会在大脑中形成这样的意识，在以后他们想要得到抱抱的时候就会采用同样的方法来达到自己的目的。

孩子在慢慢长大的时候会产生内心的归属需要，而归属需要最直接的表现方式就是得到抱抱。很多时候父母会很不解，孩子一天比一天大了，却还要让抱。其实拥抱是情感最直接的表达方式，通过索要拥抱，孩子可以感受到父母对他们的爱，通过索要拥抱，孩子可以放下戒备心理，这是孩子对父母的一种心理依赖，所以父母要了解孩子的感受。

随着孩子一天天长大，父母也因为生活和工作原因开始拒绝孩子的一些请求。在这个时候，父母的一个亲吻或者一个拥抱，对孩子来说都变得奢侈，这就会让孩子更加怀念之前和父母的亲密接触，他们怀念小时候随时随地被父母关注的感觉，因此就会很想再度得到父母的拥抱。

1. 拥抱等身体接触，对孩子的成长非常重要

拥抱等身体接触对于孩子的健康成长非常重要。那些经常被触摸和被拥抱的孩子，身体素质和心理素质要比缺乏这些行为的孩子健康得多。

读懂孩子，才能成就孩子

因为很多时候，孩子哭闹求抱抱，不是无理取闹，不是毫无理由，而是在发出求救信号，在寻求情感回应。

孩子出生前在妈妈子宫里被羊水包围着。羊水就像安全屏障，让孩子感到安心和温暖。但自从孩子出生后，屏障消失了，孩子变得缺乏安全感。因此，索要抱抱是孩子获取安全感的方式之一。如果妈妈忽视了，孩子可能终其一生都缺乏安全感。而且，婴儿时期，拥抱是给孩子提供触觉刺激的最佳方式。通过与妈妈的肢体接触，孩子可以听见妈妈的心跳，感受到妈妈的温柔语气，这些都能带来舒适的触觉刺激。只有得到足够触觉刺激的孩子，其感觉统合能力的发展才更加完整，未来的发展也会更好。

所以，有时候，妈妈的拥抱比说"我爱你"更有力量。对于孩子来说，肢体的接触能让孩子感受到妈妈的温暖。孩子时不时要抱抱，是对爱的确认。

2. 给孩子一个拥抱

对于孩子来说，尤其是在 3 岁前，只要他有需求，多少次拥抱也不算多。特别是以下 5 种拥抱，父母最好不要忽略，因为每错过一次都可能让孩子"受伤"。

（1）清晨醒来第一抱。清晨醒来，给孩子一个拥抱，赶走起床气，所有不好的情绪也一扫而光。清晨的拥抱就像一个开机按钮，为孩子开启快乐而美好的一天。

（2）下班回家第二抱。外出工作一天，孩子已经十分想念爸爸妈妈。这时候非常需要一个大大的拥抱，以抚慰他在等待中产生的焦虑情绪以及一整天见不到你的满心委屈。

（3）睡前晚安第三抱。睡前给孩子一个暖心的拥抱，并在他额前"种下"一个吻，互道晚安。让孩子带着你的余温，带着浓浓的爱意，进入美美的梦乡。

（4）小别小聚时抱一抱。孩子有时候不得已要离开父母，或者孩子已经上幼儿园，需要在分别前给他一个拥抱，等再见面时再抱一下，如此能帮助孩子克服分离所带来的不安和焦虑。

（5）特殊时期更要抱。当孩子焦躁不安、身体不舒服、生病、受到委屈、跟别的孩子发生矛盾等特殊时期，是孩子最为难过的时候，父母的拥抱能够给他带来极大的信心和安慰，并在一定程度上转移他的注意力，减轻他的痛苦。

读懂孩子，才能成就孩子

三、孩子不尊重父母——可能是你的教育出了问题

几天前，我收到一位妈妈的留言：

我是一位全职妈妈，平时在家照顾两个孩子。大女儿现在上初中，小儿子上小学。小儿子比较听话，可最近大女儿越来越不让我省心。前两天，大女儿嫌晚饭不合胃口没怎么吃，我就洗了水果给大女儿送到卧室。过了一会儿，为了让大女儿睡得更好，我打算给大女儿热一杯牛奶。可就在我端着牛奶进大女儿卧室时，她突然非常不悦地冲我喊："你是不是犯贱啊，没完没了地进来！"听到大女儿的话，我如遭雷劈，半天都缓不过神来。我感到很委屈，自己十多年来全心全意地疼爱她，她居然如此对我。

其实，现在社会孩子不尊重父母的事情数不胜数。尤其是在游乐园、商场里，有些孩子因为要求没被满足，而对父母、爷爷奶奶、姥姥姥爷出言不逊，甚至拳打脚踢。

年龄小的孩子，一不高兴就对父母撒气，发脾气，甚至拳脚相加。大一点的孩子，父母跟他说话常常被无视、回怼，沟通困难；经常对父母冷漠、顶嘴、吵架；对父母

讲的道理、建议不屑一顾……

这让许多家长着实委屈：我这么爱孩子，为他付出那么多，为什么还换不来孩子对我基本的尊重呢？

为什么现在有的孩子越来越不尊重父母呢？其实，大多还是出在家庭日常的教育上。结论虽然很扎心，但确实是这样——是你给了孩子不尊重你的勇气。

其实，问题不在孩子身上，而恰恰出在父母身上。

每个孩子一生下来都深爱父母，是尊重和信任父母的。之所以孩子后来会变得不尊重父母，是父母错误的养育方式和不被孩子认可的一言一行导致的，这在某种程度上反映出了家庭教育的失败。

什么样的父母会让孩子越来越不尊重呢？

1. 无原则的溺爱，会让孩子忽视你

有一种父母，是能够把心都掏给孩子的，却换不来孩子的尊重。他们无原则地满足孩子的各种要求，没有规矩来规范孩子的言行，给孩子各种特殊待遇，倾尽所有给孩子创造快乐、舒适的环境。最终，孩子地位越来越高，父母却越来越卑微。这种溺爱和过度保护不会让孩子记得父母的爱和付出，而会认为只有自己是全世界的中心，可以

　　　　　　　　　读懂孩子，才能成就孩子

呼风唤雨，想要什么必须有什么，否则就是别人的错。

这类孩子大都自私霸道，心中没有他人，又怎么可能会尊重别人？

父母需要明确，过度的爱只会造成孩子人格的不健全和性格缺陷，对孩子自身成长也是一种伤害。

孩子在成长过程中，不可避免地会遇到愿望得不到满足的情况，从中体会到失望感和挫折感，这是他必须经历的一个环节。家长不能因为舍不得孩子难过、受挫而无条件地满足他的任何需求，而是应当引导孩子在挫折中学习，认识和调节情绪，让孩子渐渐明白自己并非无所不能，更不能随心所欲。

在一些事情上，家长有必要建立和善而坚定的规矩，让孩子心中有是非观，行为有界限。孩子会在这样的过程中打破婴儿期的"全能自恋"感，走向人格的健全与成熟。同时，他也会慢慢了解人与人之间的界限，明白别人对自己的付出不是理所当然的，逐渐发展出同理心，懂得尊重他人，学会珍惜、感恩和回馈爱。

2. 不尊重孩子，孩子也不会尊重你

很多做父母的，没有意识到孩子是一个和自己同样平等、独立的个体，他们觉得孩子是自己的私人物品，可以任由自己安排，想怎么对待就怎么对待。

这是在思想观念上走入了误区。在这种认知下，这类父母很容易出现一些错误的教育方式。

（1）忽视、否定孩子的感受和想法；对孩子的需求不重视，不满足；嘲讽、打击、随意语言攻击、打骂孩子。

（2）承诺孩子的事情不兑现，出尔反尔。

（3）不能认真地倾听和回答孩子说的话，敷衍、不耐烦。

（4）包办孩子的一切，只按照自己的想法去控制孩子。

很显然，这些方式都违背了孩子自尊、自主、独立的需求——这也是一个健康独立的人格发展最基本的需求。

尊重是相互的，如果父母的教育方式缺少对孩子的尊重，亲子关系差，那么孩子必然也不会尊重父母。

这就是为什么我们会发现许多孩子年龄越来越大，明显变得爱顶撞父母，不把父母放在眼里，甚至动手。

而且，随着孩子自我意识的增强，心理上渴望独立和拥有更多自由空间，思想上却又经常陷入迷惘。

家长如果不了解孩子的这些心理特点，就会觉得孩子没

读懂孩子，才能成就孩子

有以前听话，总是故意跟自己"作对"。如果这时家长没有及时调整自己的教育方式，没有好好地和孩子交流，理解孩子，而是简单粗暴地用父母的权威"镇压"孩子，那么亲子之间的矛盾就会越来越多，自己和孩子的距离也会越来越远。于是父母便失去了孩子的尊重和信任，教育也随之无效。

3. 给孩子做了坏榜样，无法获得孩子的尊重

我记得一个五年级小学生曾在作文中写道：

我妈妈什么事也做不好，一天到晚光知道玩儿，还天天叫累。和我一起玩的同学，小青的妈妈会开车，她不会；小林的妈妈会陪着小林一起打乒乓球，她不会……我觉得我的妈妈就是个没用的中年妇女！

小小年纪的孩子会说出这样的话，嫌弃父母，固然是存在问题的。但作为家长，是不是也应该反思一下自己：有没有给孩子做一个正面的榜样？有没有过好自己的生活？有没有在努力进步，成为更好的自己？

有些家长不许孩子看电视、玩手机，自己却天天追剧、打游戏、刷短视频；孩子必须早睡早起，自己却可以熬夜睡到日上三竿；孩子要爱阅读爱看书，自己却从来不摸书不学习……自己都做不到的事情，却理直气壮地要求孩

子，必然不能让孩子信服，其教育效果也会大打折扣。

还有一些家长，将自己做不到的事情、未完成的心愿，非要强加在孩子身上，让孩子去完成。例如，自己小时候没条件学乐器，就让孩子苦练钢琴、舞蹈，还美其名曰，要让孩子多才多艺；自己学习不好，就整天逼着孩子考第一、考名校……

这些家长打着"为孩子好"的旗号，做的事情却不符合逻辑，经不起推敲。真正能够赢得孩子尊重和信任的父母一定会努力做好自己，用一言一行给孩子带来积极的影响，并且在关键时刻能够给孩子带来有效指导。

四、孩子心中无父母——不懂感恩的孩子，不惧怕父母的权威

谁都不喜欢目中无人的人，但当孩子也成了下面场景中的人时，尤其是他们心中连父母都没有时，父母该如何应对和引导呢？

场景 1：午饭时间到了，妈妈摆了满满一桌饭菜。7 岁的儿子从卧室出来，一坐到椅子上，就将自己喜欢的菜端到自

读懂孩子，才能成就孩子

己一边，拿起筷子开始吃，既没有喊爸爸吃饭，也没有等妈妈坐下。

场景 2：天气一天天热起来。周末，妈妈带着上初中的儿子到商场买换季衣服。走到鞋区，儿子开始试穿鞋子，最后她给儿子买了一双。想到丈夫的鞋子也该换了，她便走到成人区，打算买一双。儿子有些不耐烦："我爸每月才挣那么点钱，有双鞋穿就行了，买什么新鞋？"

父母节衣缩食，将孩子的需求放在第一位，想把全天下最好的东西都给孩子。可换来的却是孩子的不懂尊重，不知感恩，甚至是恶语相加。

有句话说得好："一个家庭最大的悲哀，不是贫穷，不是争吵，而是养不出懂得感恩的孩子。"生活贫穷可以靠勤劳去争取，争吵之后可以通过沟通来化解。而不懂感恩的孩子只会肆无忌惮地索取，无法独立生存，更谈不上孝顺父母，最终也过不好这一生。

其实孩子出现这种情况，与他们在家庭中接受的教育有关。

现在很多孩子是独生子女，家庭中很多人围着这个孩子转。当一家人以孩子为核心，忙着为孩子服务的时候，孩子就觉得这一切都是理所当然的。孩子在衣来伸手、饭来张口的环境下成长，已经习惯了被关注和宠爱，小小年纪被这么多人的爱层层包裹着，不仅难以体谅和心疼自己的父母，甚至会对父母的付出和爱生出反感。

究其原因是父母倾其所有把自己的爱给了孩子，却独独没能教会孩子爱的能力。

因此，家长在给予孩子爱的同时，也有责任改变自己的教育方式，那就是让孩子学会感恩，懂得奉献，只有孩子体会到付出的快乐，才能学会在生活中体贴父母，关心他人。

父母是最了解自己的孩子的，也是孩子的第一任老师，孩子身上所表现出来的性格和行为，爸爸妈妈能提前了解。

所以我们也应该清楚，自家孩子身上所出现的行为暗示的是什么样的性格，当孩子不懂感恩之后，父母也应该进行快速纠正。

1. 强调感恩的重要性

要懂得感恩别人，任何人的付出都不是平白无故的。这是每一位父母都应该对孩子说的话，让他们明白在和帮助自己的人相处的过程中，一定要报以感恩之心，毕竟任何人都没有义务去成为一个善良且愿意付出的人，而这种

　　　　　　　读懂孩子，才能成就孩子

善良的人都值得尊敬。不管是别人帮忙说一句话，还是捡一个东西，又或者是一些小细节的帮助，父母都应该教会孩子学会感恩。说一句"谢谢"或者给予拥抱，以及同等的回报，其实都能够表现出孩子的感恩之心。父母只有对儿女从小进行感恩教育，他们才会明白感恩的重要性。

2. 让孩子拥有感恩的态度

父母要将感恩教育渗透于日常生活之中，让感恩慢慢变为孩子的习惯。

这时候父母的角色就很重要，父母要从自身做起，做好示范，利用一切可以利用的契机对孩子进行教育。如妈妈帮爸爸做事时，爸爸要大声地对妈妈说"谢谢"；妈妈接受爸爸的帮助，也要说一声"谢谢"；爸爸送给孩子礼物时，要告诉他，这件礼物是爸爸给你的，你要感谢爸爸。在这种氛围中，孩子耳濡目染，从小就浸润在感恩的环境里，渐渐就会接受这种最基本的礼仪，学会向父母道谢，将感恩内化于人格之中。

3. 让孩子感受到父母的关爱

其实，很多父母表现出来的关爱是温和持久的，而长时间持续同样的状态，不会刺激孩子内心的状态，父母也应该思考以一定的方式让孩子感受到别样的关爱。

特别是在和孩子相处的过程中，父母也应该清楚，自己适度的刺激才能让孩子永远记住爸爸妈妈对他们本身的关爱是怎样的。比如给孩子买一个小礼物，答应他们某一件事情，这其实对孩子来说，就是一种较为明显的付出，父母爱孩子也应该让孩子明白。

4. 把节日变为感恩的舞台

充分利用各种节日作为感恩教育的舞台，可以让孩子更深刻地感受到感恩的重要性。如春节时家长要教孩子热情接受爷爷、奶奶及其他亲属送给他的礼物，并表示感谢，不管价钱多少，回到家里都要求孩子妥善保管，学会珍惜别人的情意。物质是次要的，其中所蕴含的情义才是最重要的。

5. 让孩子真正学会给予

有了以上的过渡，孩子真正学会给予就更为简单了。父母可以偶尔"示弱"，让孩子为父母做些事。例如，假装够不到衣服，让孩子帮忙拿一两件；说自己累了，让孩子给自己倒杯水喝。当孩子给予的时候，父母也要感恩孩子的付出，及时给予孩子鼓励和感谢，让孩子体验到给予他

读懂孩子，才能成就孩子

人是一件快乐的事情，这样孩子就更愿意主动给予。

五、孩子对父母的话充耳不闻——很可能是孩子的一种选择性注意

"小雨，鞋怎么又乱放，过来放进鞋柜里！"

"小雨，今天的斑马英语看了没有？赶紧去看！"

"小雨，你玩游戏的声音太大了，爸爸在睡觉，小声一点！"

"小雨，我刚刚说的话你听见了吗？你怎么还在沙发上坐着！"

你家的孩子是否也像小雨一样，对父母的话经常充耳不闻，不会立即按照父母的话做出行动，特别是孩子在聚精会神做自己喜欢的事情时，只会在父母催得烦了或者生气了之后才会不情愿地回应一下，这让很多家长觉得孩子太叛逆，不听话。

1. 孩子为什么会出现这种情况？

心理学家研究发现，孩子对自己手头的事情全情投入，对父母的话充耳不闻，这是一种选择性注意的表现。也就

是说，对孩子选择了的注意对象，孩子神经系统的相应区域就会比较兴奋，同时这样的兴奋会导致周边区域产生抑制，也就是神经活动相对减弱，使其他没有在选择注意范围内的信息得不到处理。

不管是成人还是孩子，都会对信息进行选择，比如在开车的时候司机会更多注意道路信息，有时候会听不到车内其他人的聊天内容，这就是注意选择的结果。成人的大脑已经发育成熟，能够在不同注意对象之间比较有效地进行选择和切换；儿童的大脑还没有完全发育成熟，他们的注意力很难在不同信息之间自如地进行选择和切换。

2. 如何帮助孩子"听到"家长的话

（1）不要隔空喊话。回想一下，我们是不是常常一边做其他的事，一边对孩子隔空喊话呢？看不到人，孩子会觉得这件事不紧急不重要，自然不放在心上。如果有可能，我们要尽量走到他跟前，平视他的眼睛，对他讲"×××，看一下妈妈"，当他将注意力转过来后，我们再说事情，"我们要吃饭了，把手洗一洗""去楼下帮妈妈拿个快递"。这既尊重了孩子，又给他造成了一定的压力。

（2）不要啰唆。在孩子小的时候，我们发指令提要求

读懂孩子，才能成就孩子

时，要尽可能用简洁的语言，若说得太多、太复杂，孩子会抓不到重点。有的家长很啰唆，喊孩子还没等孩子应答，就会开启"口若悬河"的模式："就知道看电视，叫吃饭也不理，说过多少次，长时间看电视对眼睛不好……"孩子只会觉得你在数落他，完全忘记了你喊他干什么。

（3）不要居高临下。曾听一位教育界的老师讲过一句话：与孩子面对面，不如和他肩并肩。假如我们和孩子面对面站着，居高临下地对他说话，孩子就很容易产生一种被命令的感觉，如果我们的语气再严厉一些，孩子可能会产生抵触情绪。所以，家长和孩子说话时，最好能蹲下来，或者坐到他旁边，再去说要求，孩子会更易于接受。

（4）换个花样吸引孩子的注意力。孩子对新鲜的、奇异的事物比较感兴趣，跟每天毫无新意地吃饭、写作业相比，电视、游戏更有趣，更吸引人，他们自然会屏蔽不感兴趣的信息。这时候家长可以换个花样吸引孩子的注意力。如吃饭，习惯性的催法就是"关上电视，洗手吃饭了"，但如果说成"快来看看妈妈今天做了什么菜，你从来没吃过的哦"，孩子很快就会被吸引过来。

（5）减少可以让孩子分心的刺激。家长在与孩子对话时，需要减少或撤销会导致孩子分心的刺激物，跟孩子温柔且坚定地表达"爸爸妈妈有话要跟你说"，要求孩子放下玩具或者关掉电视，把视线转移到父母的脸上，认真听父母讲话的内容。

（6）选择合适的时机说话。孩子在非常投入地做一件事情时，想要让孩子转移注意力也是比较困难的，父母应该尽量避免在孩子非常投入地进行某种活动时与孩子沟通。

　　　　　　　　　　　　读懂孩子，才能成就孩子

第十章

采用心理学工具，造就和谐的亲子关系

一、平等：跟孩子平等相处，孩子才愿意将心思说出来

当父母和孩子之间没有平等交流的机会时，孩子在父母面前会表现出畏缩情绪，不敢说出自己内心的想法。在这样的情况下，孩子可能会撒谎，甚至会出现顶撞父母的现象。孩子是有思想的独立个体，这是不能忽视的。

小兵是个小学生，但是身为男孩，难免会贪玩一些，在学校学习不是很认真，放学后写作业也是马马虎虎，只要能够完成任务就行，从来不管作业的质量。

有一次，老师因为作业的问题批评了小兵，小兵有些闷闷不乐。当天吃完晚饭，爸爸把小兵叫到跟前，命令道："来，给爸爸说说你最近在学校的情况。"妈妈这时也过来说："儿子，给妈妈汇报一下。"说完，两个人就坐在沙发上等着小兵汇报自己的学习情况。

小兵看着两个人完全是一副高高在上的口气和做派，心中不禁有些紧张，想着今天自己挨批评的事情一定不能让他们知道，不然又是一顿训。于是，小兵撒谎说自己在学校表现得很好，还得到了老师的表扬。

读懂孩子，才能成就孩子

没过几天，爸爸接到了小兵班主任的电话，说小兵学习不认真，还经常抄作业。爸爸一脸纳闷：难道是小兵说了谎？等到小兵放学回到家，爸爸对着小兵就是一顿数落。小兵承认了自己的错误，爸爸依旧很气愤，继续训斥小兵，最后抛下一句："今天好好写作业，作业写不完不许吃饭。"

爸爸以为小兵从此能改正错误，可是后来他发现，小兵总是把自己的命令当作耳旁风，而且脾气很执拗，犯了错误也不改正，有时候还会顶撞自己。爸爸不知道小兵为什么会变成这样，很是苦恼。

案例中的小兵之所以变成那样，原因在于他在父母面前没有平等且友善对话的机会，总是被动地接受父母的命令，时间长了之后，导致双方互相不理解：爸爸认为小兵学习不认真，而小兵则认为爸爸根本不考虑自己的想法。结果，父子关系日渐疏远，而爸爸也很难走进小兵的内心。

很多父母会发现，在和孩子日常沟通的过程中，很难做到平等地交流，尤其是在面对调皮的男孩子的时候。在教育孩子时，不少父母会采取发号施令的方式，甚至大吼大叫，以此"镇压"孩子。事后才发现，这样做不仅没有起到任何作用，还会让结果变得更糟。

父母不能与孩子平等对话的后果很可能是：孩子很容易受到父母的影响，会觉得自己被父母忽略，没有受到尊重，这样孩子会变得沮丧、不安、焦虑，有可能把这种情绪带到学校里，影响孩子的学习和社交能力。

其实，当你蹲下来和孩子讲话的时候，上一秒还暴躁如雷，下一秒就会发现自己并没有那么生气。你在蹲下来的时候可以感受到孩子微小的世界，发现孩子是多么的弱小，自己周围的一切与平时不一样，心境也就发生了变化。当你蹲下来跟孩子差不多的高度时，孩子的担心、惊恐情绪也会有所缓解，孩子更有可能把心底的实话告诉你，这种方式可以促进彼此更好地交流，培养亲子关系。

那么家长应该如何正确地跟自己的孩子交流呢？

1. 父母放下高姿态

父母只有放下自身的高姿态，才能实现和孩子平等交流的可能性。父母也是从孩子一步步成长过来的，也曾经感受过来自家里大人的权威。有些父母会觉得自己是家里的权威，摆架子是应当的，于是常常以居高临下的姿态命令孩子要去做什么，不要去做什么。随着时间的推移，这

读懂孩子，才能成就孩子

种不平等的交流只会让父母的权威荡然无存，让父母和孩子之间的隔阂越来越大。

当父母和孩子之间没有平等交流的机会时，孩子在父母面前会表现畏缩，或顶撞父母。因为孩子是有思想的独立个体，不是工具人，家长要重视这一点。

2. 跟孩子平等交流

当孩子出现问题的时候，父母需要放下架子，和孩子真诚、平等地沟通，这样才能真正走进孩子的内心。父母想要发现孩子的问题，想要帮助孩子及时改正，就必须做到尊重孩子，并且和孩子平等地交流。

给予孩子尊重，就要在日常生活中和孩子平等民主地交流，而不是独断专行。父母要明白，孩子在人格上和父母是平等的，应当受到尊重，他应该被当成一个独立的个体，他的隐私和秘密需要得到尊重。父母和孩子平等交流，会让孩子感受到一种成人的满足感，获得和成人一样的自尊和发言权，这样有利于孩子心智的成熟。因此，父母在和孩子交流时，要保持平等的姿态。

父母要学会平等地对待孩子，和孩子相处，不是父母下达命令，孩子就必须要照做，双方要明白彼此的想法。

父母要让孩子明白自己为何想要他这样做，当然，父母也要考虑到孩子的心思，考虑到孩子是否愿意这样做。

二、理解：理解孩子，才能更好地了解孩子

孩子每一个行为的背后都有他自己的原因。家长只有试着理解孩子内心的感受，才能有的放矢地解决问题。

一位妈妈在学校里找了好久都没发现儿子，只好骑车回家。路上，她看到儿子正和几个同学边走边聊。

妈妈把自己辛苦找儿子的事情说了出来，并没有指责的语气。

儿子说道："妈妈，我今天中午帮老师把作业本送去大队室，知道你们今天有教学检查。以前教学检查时，你都要去其他学校检查的，再说放学后我去你办公室里看不到你，就以为你已经离开了学校。"妈妈是儿子学校的一名老师。

儿子根据以往的经验和今天看到的事实做出了这样的推算，然后决定自己先回家，等妈妈回来一起去吃饭。看来，这是合情合理的做法。

　　　　　　　　　　读懂孩子，才能成就孩子

妈妈向儿子解释了这次自己没有外出检查的原因，还一起商量了以后该如何解决此类问题——她在办公室里留纸条，他带电话手表去学校。

"赶紧坐上车，一起去吃饭。"

"妈妈，我们今天古诗词考试过关，我考了全年级第10名，刚好可以获得校级证书。"

"很了不起呀，祝贺你！"

"妈妈，我上午还考了语文，现在感觉很累。"

"确实，平常上一天课就已经很累了，今天还进行了两场考试呢。脑力消耗这么多，今晚必须去吃大餐，庆祝加补脑了。"

饭后，儿子说："妈妈，我好累，想躺一会儿。"

"那先休息，等体力恢复了再学习吧。"

妈妈运动回来，儿子早已经在写作业了。

"你怎么这么快起来了呀？"

"妈妈，我早写完两项作业了，今天可以很早休息。我今天的课外作业是听写英语，再写一写预习就好了。"

"可以，你很会安排学习。"

问题发生的时候不需要讲太多的道理，因为道理，孩子跟你一样懂，只是当他的内心没有被理解的时候，这些所谓的道理是不起作用的。

你可以理解为，大脑没有接收到这个"道理"的指令，怎么能执行呢？而没有接收到的原因，就是情绪或感受横在中间有所阻挠，它需要首先被看见，才能让"道理"通过，到达大脑这个"指挥部"。

例如，孩子不想写作业，难道他不知道应该写，不好好写会怎样的道理吗？肯定是知道的。

只是，此时父母应考虑孩子内心的感受：他是不是觉得题目太难了？还是想喝水或方便？他是不是有其他什么需求还没有被满足，心里不踏实？还是，他只想让你陪伴，不想让你啰唆？

我们对症下药，就会发现：原来一切都可以很美好。

孩子甚至可能反过来给你讲一番大道理，讲自己做到了这件事有多么了不起，是怎么做到的。这一切的前提是，你能够理解他内心的感受，并积极地引导他。心理基础好的父母可以用语言和孩子沟通，如果孩子说不出他心里的感受，父母就可以先告诉孩子自己的感受，孩子感受到父母的真诚后，就会予以回应。

读懂孩子，才能成就孩子

另外，孩子在学校里学习了一天，确实很累。"好累呀！""我想休息一下。"这些都是孩子真实感受的表达。此刻，体力上，他需要休息；心理上，他需要被理解。当家人对孩子的真实感受表示质疑或反对时，比如指责孩子："有什么累的，不就是上了几节课吗？""你先写完作业，再休息。"遇到类似的情况，有些孩子会直接反抗，就是不写作业；有些孩子表面上服从，但在写作业时却是一副心不在焉的样子。

无论哪种结局，最终都会让孩子对学习产生厌恶，还可能以此作为反抗父母的工具。父母对孩子有多不理解，孩子报复的程度就有多强烈。所以，父母与其强迫孩子低效学习，还不如让孩子根据自己的情况好好休息，让他做好学习的身体准备。父母接纳孩子的真实状态，尊重他的休息权，孩子才能从中真正感受到父母的关爱，也就很快做好了学习的心理准备。

理解孩子是建立良好亲子关系和支持孩子全面发展的关键，那么如何做到这一点呢？

1. 倾听和观察

要想给孩子更多的理解，家长首先就要倾听他们的声音，给他们提供表达自己情绪和感受的机会。家长可以通过与他们的对话，更好地了解他们的需求、兴趣和困扰；同时，观察孩子的行为和反应，从中获取更多的孩子内心世界的线索。

2. 接纳和尊重

理解孩子的家长，一般都会接纳他们的个性和特点，并尊重他们的独立性和自主性。每个孩子都是独特的个体，有着自己独特的思维方式和感受方式，不要试图强行改变孩子，要努力理解并支持他们成为真实的自己。

3. 建立沟通桥梁

要想增加对孩子的了解和理解，家长就要积极与孩子建立良好的沟通桥梁，创造一个开放、信任和尊重的环境，并定期与孩子交流，更好地了解他们的想法、目标和困惑，同时向他们传递关爱和支持。

4. 了解发展阶段

了解孩子的发展阶段和成长特点是理解他们的重要一环。每个年龄段的孩子都有不同的需求和挑战，家长要适应他们的发展水平，并为他们提供适合的支持和指导。

读懂孩子，才能成就孩子

5. 培养共情和同理心

要想理解孩子，家长就要培养对孩子的共情能力，站在他们的角度去理解他们的感受和想法；同时，培育孩子的同理心，引导他们学会关注和理解他人的感受和需要，培养良好的人际关系和社交能力。

三、尊重：尊重孩子，孩子才愿意跟你亲近

一个孩子的自尊心受到了严重伤害或丧失了自尊后，会进入一个无所谓的状态，会有各种各样的问题和行为，这是他为了挽回面子一定要做的事情，也就是我们经常所说的"问题生"的产生。关于"问题生"的事情，我们来看下面这个案例。

还有几分钟的时间就要放学了，为了避免和孩子们在楼道内造成拥挤现象，张老师就提前几分钟回家了。

她走在回家的路上，大老远便望见在一所小学的校门口，有一个大人在那里打孩子。走近一看，从校服可以看出孩子是这所小学的学生，如果没有猜错的话，打孩子的应该是孩子的家长。

家长拿着扫把一下一下打在孩子厚厚的棉校服上。从打孩子的工具来看，应该打不疼痛，但孩子的表情显得很尴尬，很无奈，因为旁边或远或近地站着的，应该是接孩子还没有散去的一部分家长。也就是说，这位家长在大庭广众之下，用自己认为正确的方式赤裸裸地"教育"着自己的孩子。

张老师实在看不下去了，只好硬着头皮走过去说："这位家长，有什么问题可以回家和孩子沟通嘛！"那位家长不屑地斜视了张老师一眼，没有理会，继续着自己打孩子的动作。

家长打得也不痛，这一举动可能只是此刻发泄情绪的一种方式，不会对孩子产生身体上的严重后果，但这种举动给孩子造成了心灵的创伤。从孩子的面部表情来看，已经严重影响了这个孩子的自尊和自信。试想，那些在情绪激动之下甚至做出危险行为的孩子，是不是也经历过案例中这样被公开践踏自尊和自信，甚至比这更严重的行为？

在跟孩子的沟通中，很多家长会当众批评甚至打骂孩子，殊不知这是一种最容易伤害孩子的沟通方式。

德国著名心理学家艾瑞克·弗洛姆曾说："尊重生命、

　　　　　　　　　读懂孩子，才能成就孩子

尊重他人也尊重自己的生命，是生命进程中的伴随物，也是心理健康的一个条件。"让孩子丧失自尊的最典型方式就是当众批评，特别是对认知型的孩子，因为他很有想法，很有主见，自尊心也特别强，所以他特别忍受不了当众被父母批评。由此，一些经常被父母当众批评的孩子，在一定程度上会因为害怕失败而放弃追求成功的动力，具体的表现就是"你推一推，我动一动"，否则他就没有学习的主动性，对什么事情都不太感兴趣，对任何新鲜事物都不想尝试。

孩子是需要被尊重的。每个人都是独立的个体，他们的内心想法也是不一样的。不尊重孩子，会直接影响他们以后的成长。家长觉得自己平时已经做到尊重孩子了，其实这只是一种自我感觉，家长有这种想法就是他们忽视孩子的证明。

1. 站在孩子的角度去做

孩子以后会成为一个什么样的人，其实和家长在孩子小时候对他们的做法有很大的关系。家长不要再用大人的语气和他们说话，不要用"你还小，不懂事"，或者是"这里没有你说话的份儿"去否定他们，家长应该觉得孩子是这个家庭中的一分子，要给到他平等发言的机会。孩子大了，家长也需要听听他们的想法。如果孩子做得不好，家长可以在一旁指导。其实，家长只有愿意把孩子当作"人"看，才算是真正地尊重孩子。

2. 和孩子说话时，多正眼看他们

尊重体现在很多细节中，例如孩子在和你分享自己在幼儿园里的事情时，家长不要觉得很不耐烦，其实他们是想要把高兴的事和父母一起分享。家长应该正视孩子，给他们以尊重，并不是从他们说话开始到结束，家长用一声"嗯"就行了。家长不要忙于其他的事情，要认真听他们讲话，让孩子觉得父母在很认真地对待他们所讲的事情，让他们有被重视的感觉。

3. 保护孩子的隐私

家长不要急于否定孩子的想法，要学会尊重孩子的意见，要尊重孩子的隐私。父母应该懂得尊重孩子的隐私，不随便翻看他们的手机、日记本等，想要了解什么，先得到他们的允许。家长要让他们觉得家长很尊重他们，这样他们在学校或者在和长辈见面时，自然也会尊重别人。自己都不尊重孩子，何谈要让孩子学着去尊重别人？

　　　　　　　读懂孩子，才能成就孩子

4.尽量不要批评孩子

有些家长遇到烦心事，看见孩子做错了事，就拿自己的孩子来发泄不好的情绪，把自己的痛苦强加在孩子的身上，殊不知这会伤害到孩子。孩子的自尊心很强，家长不要一味地批评孩子，和孩子好好地沟通才是解决问题的办法，家长要给孩子树立一个以身作则的榜样。

四、信任：信任孩子，孩子才会相信你

前两天，我的公众号收到一个初中生的吐槽：

暑假期间，我在房间学习，妈妈时不时就要打开房门看看，生怕我偷偷在房间玩手机。我感到心烦意乱，又不想和妈妈为此事争吵。"我都上初中了，他们为什么还是这么不信任我？真的很愤怒、失望，每次妈妈进来检查后，我突然就不想认真学习了。"

事实上，这种情况在很多家庭都有：家长一方面希望孩子自律、优秀，却又不信任孩子，于是通过监督、唠叨、控制等方式来管孩子。

有这样一则新闻报道，说一位爸爸为了防止孩子在房

间里玩游戏，不好好学习，就在孩子房间装了摄像头，逼得孩子报警，称爸爸侵犯了自己的隐私权。

这些家长自以为"聪明"的教育方式，其实违背了孩子成长的需要——被尊重、被认可、被信任，因此通常收效甚微，反而容易引发孩子的叛逆心理，越来越不自觉。

心理学家弗洛姆曾经说过："教育的对立面是操纵，它出于对孩子之潜能的生长缺乏信心，认为只有成年人去指导孩子该做哪些事，不该做哪些事，孩子才会获得正常的发展，然而这样的操纵是错误的。"

家长经常催促、监督、批评孩子，为他安排好一切，其背后隐藏的正是对孩子的不信任，这样反而会抑制孩子的内在动力，让他变得磨蹭、拖延，消极懈怠。而家长发自内心地相信孩子，认同孩子，给予孩子积极的心理暗示，孩子就会感受到这种正向反馈，自然会朝着好的方向发展。

1. 优秀的孩子都是被"信任"出来的

中国青少年研究中心曾经在北京、上海、广东、云南、甘肃和河南6个省市进行了一项调查——关于中小学生最喜欢父母的10种做法，调查结果显示："信任我"，以

63.5% 的高得票率位居第一。

诸多的教育理论和实际案例告诉我们：优秀的孩子，都是被"信任"出来的。

这就是信任的神奇力量，它会让人产生满足感、幸福感，感到被认可，对自己有信心，于是做起事来充满动力和勇气。被信任的孩子会油然而生一种责任感，自觉地对自己的言行负责，不辜负父母的这份信任。而不被信任的孩子容易产生厌烦、愤怒、失望的情绪，甚至变得叛逆，"破罐子破摔"。

2. 智慧的父母都会信任孩子

是否被信任，孩子的心理感受是截然不同的。

父母是孩子最喜欢、最亲近的人，父母的信任对孩子来说尤其重要。那些优秀的孩子，通常在日常生活中都能感受到父母的信任，渐渐在心里埋下自尊的种子，从而懂得自己对自己提要求，自我激励。这种信任会让孩子的心里滋生出强烈的安全感，而具有良好安全感的孩子不会轻易地怀疑与否定自己。

记住，哪怕世上所有的人都看不起我们的孩子，做父母的也要眼含热泪地欣赏他，赞美他，为自己创造的生命而自豪。童年被信任和认可，是父母送给孩子最好的礼物。

被信任滋养的孩子眼里有光，心中有天地，脚下有坦途。他们会带着父母的善意，去探索属于自己的世界，直至到达成功的彼岸。

五、同理心：站在孩子的角度思考问题

换位思考，简单地讲，就是互相宽容、理解，多站在别人的角度思考，它是一种理解，也是一种关爱，更是人与人之间交往的基础。

在教育孩子时，父母最不容易做到的，就是站在孩子的角度看待和处理孩子遇到的问题，而这一点恰恰是教育孩子的基本原则。美国教育家塞勒·塞维若曾说过："每个人观察、认识问题，都会有自己的视角和立足点。身份、地位不同，所得出的结论就不同。父母与子女间的年龄悬殊、身份各异是影响相互沟通的重要原因。父母若能站在孩子的立场上思考，一切将迎刃而解。"

晓东是五年级的学生，他有一个非常要好的"死党"，两人从小学一年级就是同桌，关系非常亲密，几乎无话不

谈，很多不向父母说的秘密他们都一起分享。在晓东心里，这个朋友甚至比父母还重要。

一天，晓东因为一件事情跟"死党"发生了小矛盾，两个人不再说话了。晓东心里特别难受，他回到家把事情跟妈妈说了。妈妈听后，认为孩子在一起都是小打小闹的，哪会有什么真正的友谊，于是不以为意地说道："不说话就算啦，他不找你，你也别去找他。"

晓东对妈妈这个回答很不满意，虽然他还只是个孩子，但他很珍惜与朋友这五年的情谊，所以心情一直很不好。因为妈妈对自己不理解，他对妈妈也疏远了很多，此后有什么事情也不再愿意跟妈妈说了。

成人总是将自己的想法和经验强加在孩子的身上，觉得孩子的想法和自己是一样的。而现实却是，父母开心的事情，未必能让孩子开心；父母喜欢的场合和东西，孩子不一定也喜欢。这是因为他们看问题的角度和高度不同。父母总认为自己是正确的，一切都是为了孩子好，总是用自己的想法去替代孩子的想法。父母不知道孩子内心的想法，不了解孩子究竟想要什么。其实，父母所给的不一定就是孩子想要的。

父母要想走进孩子的心里，想让孩子与自己关系更加亲近，想更好地解决孩子身上存在的问题，就必须站在孩子的角度去看问题，不能像上例中晓东妈妈那样处理问题。她没有从孩子的角度出发，不理解孩子失去朋友的心情，想当然地认为这只是小事一桩，不能体会孩子的心情，说出了令孩子不满意的回答，反而使孩子疏远了自己。

　　孩子有自己的特点，爱玩是他们的天性，因被各种新奇的东西吸引而导致注意力不集中也是正常的。他们身心发育不成熟，做事的速度与质量可能达不到成人的标准，这是每个人必须经历的成长阶段。父母只有站在孩子的角度去看问题，才能够理解孩子，才不会对孩子提出过高的要求，也不会因为孩子达不到自己的要求就大发雷霆。否则，既会影响自己的心情，也会给孩子的心理造成伤害。

　　父母在处理有关孩子的一切事情时，为了避免盲目性，收到好效果，就必须消除对孩子的偏见，做到站在孩子的角度去看待问题。只有这样，才能知道孩子做事情能达到什么样的程度，不会以成人的标准去要求孩子，才能了解孩子的需要与心理需求，在合理范围内满足孩子，而不会以成人的观点误解孩子。

　　　　　　　　　　　　读懂孩子，才能成就孩子

那么父母如何做到站在孩子的角度考虑问题呢？

1. 不要提前下结论

父母在与孩子沟通的时候，仅凭孩子的只言片语就提前下结论，只能使孩子关闭心门，不愿意再与父母沟通。有时候，父母最初下的结论与最后的事实是截然不同的，父母难免会因为一时情急而冤枉了孩子。父母只有不以成人的眼光武断地下结论，才能减少父母与孩子之间的冲突，父母也才能赢得孩子的信任和尊重。因此，父母在与孩子沟通时，一定要站在孩子的角度考虑问题，一定要听他把话说完，不要只凭只言片语就妄下结论。

2. 多考虑孩子的感受

从心理学角度讲，孩子在受到委屈，或者情绪上产生波动时，最需要得到父母的认同和理解。面对孩子的问题，父母要首先考虑孩子的感受，然后在认同和理解孩子的感受的基础上，给予引导。这样一来，孩子才能听进去父母的话，父母的教育也才能达到良好的效果。父母不考虑孩子的感受，不仅得不到孩子的信任和尊重，还容易引起他的反感。

3. 抛弃成人的主观偏见

孩子有自己的世界，有自己的想法，有自己的思维方式。其实，孩子的一切既简单又纯洁。但是，父母作为成年人，已经不再简单、纯洁，而是充满了很多世俗的见解和定式化的观念，会将很多简单的事情复杂化。如果父母用成人的眼光和观念去对待孩子，势必会影响亲子关系的和谐发展。因此，父母要抛弃成人的主观偏见，把自己的心态摆在与孩子一样的水平线上，试着用"孩子"的眼光和观念来了解孩子，这样才能真实地感知孩子的内心世界，也才能更好地理解孩子的很多想法和行为。

读懂孩子，才能成就孩子

后　记

读懂孩子，才能成就孩子

读懂生理，才能让孩子身体健康。

读懂心理，才能让孩子减少受伤。

读懂情绪，才能让孩子心情舒畅。

读懂认知，才能让孩子稳步成长。

读懂行为，才能让孩子免遭冤枉。

读懂思维，才能让孩子想象飞扬。

读懂语言，才能让孩子心智激荡。

读懂孩子，是父母必须走进的课堂。

读懂孩子，才能做出正确的榜样。

读懂孩子，才能引领合适的方向。

读懂孩子，才能赋予孩子信心和力量。

读懂孩子，才能赋予孩子耐心和坚强。

读懂孩子，才能指导孩子合作与交往。

读懂孩子，才能激发孩子进取与向上。

读懂孩子，才能塑造孩子的人格与理想。

读懂孩子，才能成就孩子的快乐与辉煌。

孟小崴，2023 年 12 月 15 日于清华园